Подорожі в історію України

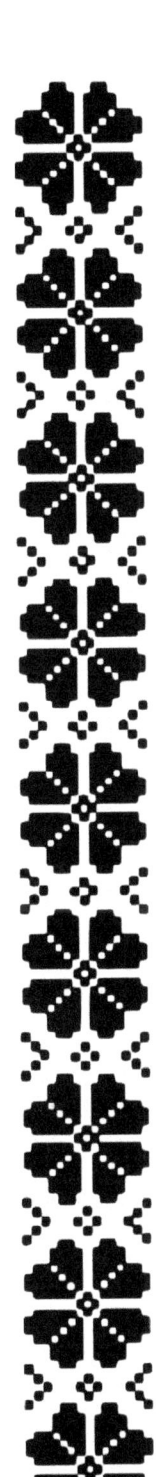

ІРИНА МАКАРЕВИЧ

Copyright © 2023 Ірина Макаревич

ISBN: 978-1-7340087-3-9

Ілюстратор Олена Шелест

Коректор Тетяна Питель

All rights reserved

Всі персонажі, за винятком історичних осіб, вигадані автором і будь-який збіг з реальними людьми або подіями є випадковим. Ця книга відображає точку зору автора на історичні події.

Жодну з частин цього видання не можна копіювати або відтворювати в будь-якій формі без письмового дозволу автора.

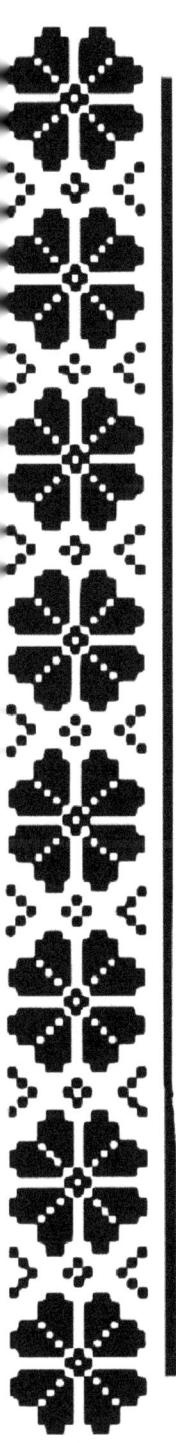

Дорогий читачу!

Уважно розглянь подушечки своїх пальців. Бачиш хвилі, петлі та завитки? Вони розташовані в оригінальному, тільки тобі притаманному візерунку. Це твій особистий код. Він сформувався ще до твого народження і буде з тобою без змін все життя, навіть коли ти будеш дуже старим. До того ж немає двох людей на землі з однаковими малюнками на пальцях рук. Ти – унікальний!

Так само хвилі і завитки історії України сформували своєрідний і неповторний характер українського народу, який не схожий на жодний інший народ. Якщо ти хочеш більше дізнатися про те, як це сталося і звідки у українського народу така незламність і жага до свободи, тоді ця книга для тебе. Вирушай у подорож разом з іншими дівчатками та хлопчиками, які вчаться у звичайній початковій школі в одному з американських містечок.

Щиро,

Ірина Макаревич

Присвячується нинішнім і майбутнім українським дітям

Зміст

ЧАСТИНА I. Вирушаємо у подорож!

Напередодні	Т3
Джерело назви Україна	6
Про що мовчать скіфські кургани	10
По забутих слов'янських стежках	14
Коріння українського народу	17
Таємниці Київської Русі	21

ЧАСТИНА II. Чия Київська Русь?

Подорож до Києва	27
Жива історія	28
Історичний шлях	31
Новий етап в історії Київської Русі	33
Золоті ворота	36
Яблуко розбрату	38

ЧАСТИНА III. Раз на золотому ґанку...

Проти годинникової стрілки	43
Данило — Король Рутенії	49
Україна на карті Європи	53
Козацька держава	56
Від автора	61
Примітки	63
Розмальовки	69

ЧАСТИНА ПЕРША

Вирушаємо у подорож!

Напередодні

Я працювала волонтером в початковій американській школі для того, щоб надавати допомогу дітям з українських сімей. Одного дня я допомагала учням вирішувати приклади з математики. В цей час пролунала гучна сирена навчальної пожежної тривоги, про яку говорила вчителька на початку уроку, і учні почали шикуватися на вихід. Тільки ми вийшли у шкільний коридор, як до мене підскочив худорлявий і високий вчитель англійської мови та почав швидко говорити, що мене викликають у п'ятий клас до Оксани.

Оксана з матір'ю щойно приїхали з України. Її батько залишився захищати країну від окупантів. Вчитель сказав, що Оксана забилася в куток, тремтить і відмовляється виходити на шкільний двір, де всі учні повинні зібратися разом зі своїми вчителями. Я, звичайно, побігла в сусідній коридор, де були розташовані старші класи.

У шкільній кімнаті стояла молода тендітна збентежена вчителька поряд з Оксаною, яку трусило. Оксана сиділа на підлозі. Її стрижене до плечей волосся кольору вороного крила вкривало обличчя, яке вона затуляла долонями, щоб не бачити нікого навколо. До неї схилився її однокласник Влад і пробував її заспокоїти. Сім'я Влада також приїхала з України, але давненько. Він народився в Америці, добре володів англійською мовою і намагався перекладати Оксані те, що казала вчителька. Оксана не слухала. Я побачила жах в її карих очах, якими вона зирнула з-під чубчика.

Я не стала нічого пояснювати, обняла її за плечі і сказала: «Не бійся, ми тебе відведемо в безпечне місце».

На моє диво, дівчинка послухалася і поволі, тремтячи всім тілом і схлипуючи, пішла з нами на шкільний двір.

На шкільному дворі вже зібралися учні всіх класів. Світило сонечко, день був занадто теплим для вересня, майже літнім. Діти хотіли побігати, але вчителі їм не дозволяли, бо кожен клас повинен був бути на спеціально відведеному для нього місці поки вчитель перевіряв присутність всіх учнів. Після цього діти поверталися у свої класи, за винятком тих, у кого в цей час розпочиналася перерва. Пощастило саме п'ятому класу. Після навчальної тривоги вони розбіглися по шкільному полю хто куди.

Оксана, побачивши, що їй нічого не загрожує, заспокоїлася і сіла на лавку разом зі мною поряд з дитячим майданчиком. По майданчику бігали діти, сперечаючись за право першими сісти на гойдалку чи з'їхати вниз з гірки.

До нас підійшла соціальна працівниця школи Мірна. Вона приїхала з Латинської Америки більше десяти років тому і влаштувалася в школу, щоб допомагати дітям іммігрантів з Латинської Америки, яких було багато в школі, а також дітям з інших країн. Спокійним, не гучним голосом вона почала розповідати Оксані, як вона приїхала до Сполучених Штатів Америки багато років тому і як їй було боязно і неспокійно, бо вона не розуміла мови і мало що знала про цю країну.

Оксана подивилась на мене і сказала дуже просту і жахливу річ: «Я злякалась, що нас будуть бомбити. Я подумала, що почалась повітряна тривога як у нас вдома».

Я переклала це Мірні. Вона поклала свою руку на руку дівчини і подивилась на неї з виразом жалю і співчуття. На її очі навернулись сльози.

Вона звернулася до Оксани: «Можна я буду приходити до тебе інколи в клас і забирати до себе у свій кабінет. Ти також можеш приходити до мене, коли тобі сумно, або просто хочеться, щоб тебе хтось пригорнув і заспокоїв».

Оксана в знак згоди кивнула головою. Ми піднялись і пішли подивитися, де знаходиться кабінет Мірни. Там було затишно і тихо. У центрі кімнати стояв низький овальний стіл, на якому лежали дитячі книжки, розмальовки і кольорові олівці в яскравих обгортках. Мірна запропонувала Оксані вибрати собі заняття. Оксана повеселішала. Я подякувала Мірні і вийшла на задній двір школи.

Коли я поверталась у шкільне приміщення після перерви, мене наздогнав Влад. Він важко дихав начебто пробіг стометрівку. Його коротко підстрижене темно-русяве волосся на голові було мокре і виблискувало на сонці. Через свою кремезну постать він здавався трохи нижчим на зріст порівняно з іншими хлопцями свого віку, але це його не дуже турбувало. Він поводив себе впевнено і користувався повагою в класі.

— Що трапилося з Оксаною? — випалив він.

Я зупинилася і на хвилину замислилася, як йому відповісти. Я не могла сказати йому все, але і залишити його питання без відповіді також не хотіла.

— Ти знаєш, що Оксана зовсім недавно приїхала з України? Там іде війна. Вона згадала про це і рознервувалася.

— Звичайно, знаю, — сказав він. — У неї там батько залишився, він на фронті, захищає країну. У мене там дідусь і бабуся. Ми збиралися до них поїхати в цьому році, але тепер не знаємо коли побачимось. І до чого ця війна? Моя мама каже, що ми всі слов'яни і всі слов'яни однакові.

— Ця війна довела, що не всі слов'яни однакові, — відповіла я. — Якщо ти хочеш більше дізнатися про історію слов'янських народів, приходь в український позашкільний клас. Ми збираємося кожного четверга після школи у шкільній бібліотеці.

— А Оксана там буде?

— Сподіваюсь, що буде. Я її запросила, — відповіла я, відкриваючи двері школи, щоб повернутися в клас і продовжити допомагати учням.

Джерело назви Україна

Наступного тижня, коли я прийшла в школу, то зразу пішла у п'ятий клас, щоб відвідати Оксану. Коли я зайшла, в класі стояв галас. Діти працювали в групах і щось жваво обговорювали. Оксана сиділа за одним столом ще з двома дівчатами, але не брала участі в розмові. Влад, навпаки, сидячи за сусіднім столом з групою дівчат і хлопців, щось голосно доводив. Вчителька навіть зробила йому зауваження, щоб він чекав своєї черги і давав іншим можливість висловити свою думку.

Я сіла поруч з Оксаною, намагаючись вслухатися і зрозуміти про що йдеться на уроці, щоб їй пояснити.

— Тут дуже шумно, — поскаржилась Оксана. — У нас в Україні такого не було. У мене постійно болить голова.

— Так, звичайно, — погодилась я, — в Америці інша система викладання. Тут дають можливість дітям проявити себе таким чином. Ти згодом звикнеш.

У цей час я помітила зверху на шафі із шкільним приладдям український синьо-жовтий прапор, викладений з конструктора Лего. Його важко було не помітити, бо він був розміром з велику енциклопедію.

— Ти зробила? — запитала я Оксану.

— Ні, Влад. Але я йому допомагала.

Молода енергійна вчителька нарешті вгамувала дітей і звернула їхню увагу на намальований на дошці графік природних катастроф, які відбуваються в різних частинах світу. Потім вона поставила відео про потужне цунамі в Японії, що відбулося там одинадцять років тому. Вчителька також пояснила, що є у світі катастрофи, які створюються не силами природи, а людьми. До таких катастроф належать: забруднення атмосфери, пожежі, вибухи та війни.

— Світові організації намагаються вирішити ці кризи або запобігти їм, — пояснила вчителька.

Я зробила переклад для Оксани і нагадала про наш український клас, який мав бути після уроків. Потім я підійшла до Влада і запитала як у нього справи.

— Ти прийдеш сьогодні в український клас? — спитала я його.

— Так, прийду, — відповів він твердо. — Я хочу вивчати історію України. І українську мову, – додав він.

Після занять я зустріла своїх учнів у шкільному кафе. Вони повечеряли гамбургерами і картоплею фрі і, вишикувавшись в стрій за шкільними нормами, пішли за мною в бібліотеку, де у нас мав проходити клас.

До нашого класу приєднались у цьому навчальному році дві сестри з України, чий батько був з ближнього сходу — Аміра і Мадіна. Їхнє східне походження видавав трохи темнуватий колір шкіри і величезні широко відкриті гарні очі. Обидві дівчини були творчо обдаровані і любили малювати.

Крім них у класі був кмітливий темношкірий хлопчик також від змішаної пари, якого звали Джейсон. Він був дуже непосидючий і весь час намагався ходити навколо стола, за яким сиділи діти. Тож я його просила допомагати мені розкладати папірці на столі або перегортати сторінки книжки, коли ми читали українську казку.

Прийшов і Денис з молодшою сестрою Оленкою, білявою дівчинкою з неслухняним волоссям, яке вона весь час намагалась засунути за вухо, щоб воно не заважало. Денис вчився вже в четвертому класі і вважав себе розумнішим за інших та тримався стримано на відміну від свого високого та комічного однолітка Василя. Той весь час крутився і жартував з дівчатами.

Поряд з хлопцями сидів Влад і поглядав на двері. Оксана відлучилася попити води і зайшла в клас останньою. Влад пожвавився і почав щось їй говорити щойно вона сіла за стіл.

Цього разу мені допомагала студентка коледжу Іванна. Вона приїхала із західної частини України і називала мене «пані вчителька», що мені надзвичайно подобалось.

— Починаємо нашу подорож до України, — проголосила я і виставила карту України. — Знайдіть на ній місця, звідки приїхали ви або ваші батьки.

Потім ми всі разом знайшли на карті столицю України місто **Київ**. Це дозволило мені перейти до теми Київської Русі, яка була на території Києва у давні часи. Діти уважно слухали. Я спитала Аміру, Мадіну і Влада, чи потрібен їм переклад, бо їхні батьки стверджували, що вони не розуміють української мови, а я на уроці розмовляла виключно українською. Але вони заперечливо захитали головами і сказали, що все розуміють. Джейсон вже відвідував українську школу раніше і багато що знав. Всі інші діти були з україномовних сімей.

— Сьогодні я хочу вам повідомити, що **Київська Русь** була потужною і дуже розвиненою країною, яка в період розквіту з IX до XII століття займала територію від Білого моря на півночі до Чорного моря на півдні і від кордонів нинішньої Польщі на заході до ріки Волга на сході, — продовжила я урок. — За цей період площа держави розширилась більше як в два рази, так само як і кількість населення збільшилась вдвічі. Для того, щоб відділити територію Київської Русі від інших земель, її почали називати «країною». Також казали «у країні», щоб повідомити про події, які відбувались всередині держави, а не за її межами. Звідси з'явилася нова назва **Україна**. Вона вже з'являється в історичних рукописах XI та XII століть, так само як і назва «українці» на означення людей, які проживали в цій країні. Тому правильно казати — в Україні і українці з наголосом на літеру «ї».

— Україна, ми українці, вона українка, він українець, — попросила я учнів разом вголос промовити ці важливі для національного усвідомлення слова, що діти із задоволенням зробили.

— А тепер, — сказала я, — розберем слово Україна по літерах і порівняємо з літерами англійської мови для наочності — «Ukraine». Назвемо літери, які пишуться і вимовляються однаково і в українській і в англійській мові — літерами-мандрівниками, — продовжувала я, — літери, які пишуться однаково, але вимовляються по-різному — літерами-близнюками. А літери, які є тільки в українській мові, назвемо літерами-патріотами.

Потім я сказала, що на кожному уроці ми будемо відзначати свято якоїсь патріотичної літери і оголосила, що сьогодні у нас свято літери «Ï». Я попросила Джейсона і Іванку роздати дітям розмальовки і вправи з правопису з літерою «ї», і діти завзято взялися до праці.

Наприкінці уроку я розділила клас на дві групи, запропонувала їм скласти слово **Україна** з декоративних дощечок на швидкість і пообіцяла призи тим учням, які зроблять це завдання першими. Коли Василь закричав: «Я зробив, я — перший», Денис образився і надувся як сич. Я хотіла щоб діти були у доброму гуморі і всім роздала призи.

— Всі гарно попрацювали, — сказала я.

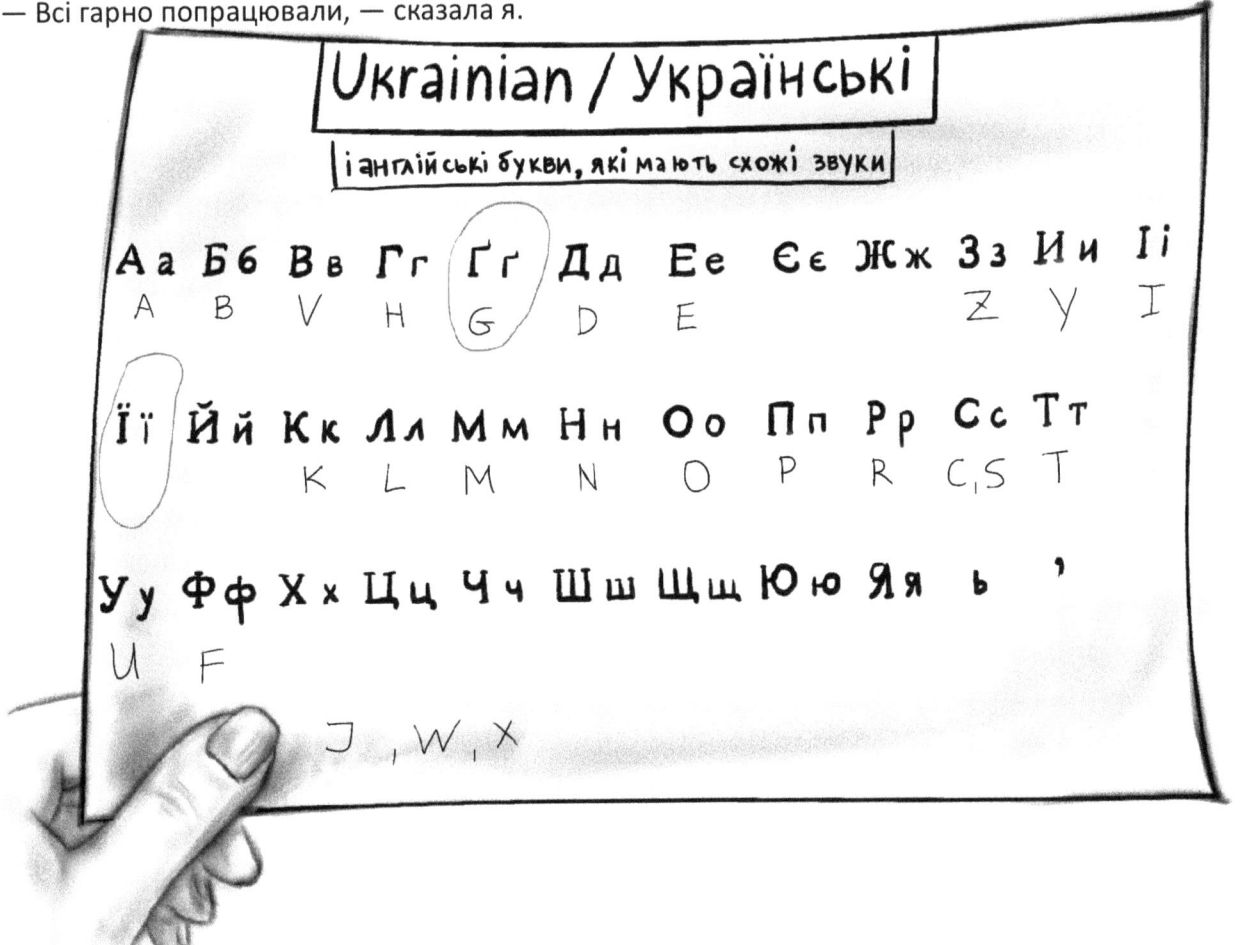

Про що мовчать скіфські кургани

Якось під час перерви я проходила біля шкільного офісу і помітила в коридорі Влада. Він нервово ходив і заглядав у офіс.

— Що трапилось? — запитала я. — Чому ти не в класі?

— Там Оксана, — сказав він схвильованим голосом. — Їй стало погано і її відвели в медичний пункт.

Я зайшла в медичний пункт, розташований поряд з шкільним офісом. Оксана сиділа на кушетці, опустивши голову, з ватою в носі. Мірна сиділа поруч і тримала Оксану за руку. Поряд на стільці за комп'ютером сидів молодий чорнявий хлопець невеликого росту. Це був медичний працівник школи. Побачивши мене, він зрадів.

— Добре, що ви зайшли. Я шукаю номер телефону Оксаниної матері. Я збирався вас викликати, щоб ви їй зателефонували. У Оксани пішла кров носом. Я надав їй першу допомогу, але я вважаю, що її треба забрати додому і дати відпочити сьогодні.

— Як ти себе почуваєш? — спитала я Оксану.

— Нічого, — відповіла вона стримано, — але трохи болить голова. Я відпочину і знову піду в клас.

Я переклала медбрату, що у Оксани болить голова. Він кивнув і приніс пакет з льодом. Тим часом я зателефонувала Оксаниній матері, щоб вона приїхала в школу і забрала Оксану.

— Я дуже непокоюсь за неї, — сказала її мати. — Оксана плаче і проситься додому в Україну. Вона сумує за батьком і друзями. Я не знаю, що мені робити.

Я пообіцяла їй, що запитаю соціального працівника школи про те, як підтримати Оксану, а потім попросила Мірну відійти у сусідню кімнату.

— Я думаю, що у Оксани стрес, — сказала Мірна. — Вона залишила все, що їй було дороге і близьке. Треба більше часу, щоб звикнути. Я продовжу зустрічатися з нею. Чи у них достатньо одежі або продуктів харчування? Я можу виписати їм грошову картку. Запитайте інші українські сім'ї, особливо ті, які допомагають своїм родичам з України, чи їм щось потрібно. Ми хочемо їх підтримати у цей тяжкий час.

Я подякувала Мірні і сказала, що найближчим часом підготую список сімей, яким потрібна допомога.

Коли я вийшла з офісу, Влад все ще стояв у коридорі.

— Все буде добре, — сказала я йому. — Приїде її мати і забере її додому. Завтра вона повернеться в школу.

— А її батько може загинути? — запитав він несподівано.

— Так, — відповіла я відверто. — Там війна, і на війні гинуть люди. Але ти їй такого не кажи і приглядай за нею в класі.

Влад ствердно хитнув головою.

У той день я почала свій клас з того, що поклала на стіл велику карту України і запропонувала учням: «Знайдіть на карті столицю України місто Київ».

Учні нахилилися до карти і почали навмання тикати пальцями в різні частини країни, сперечаючись, хто швидше знайде. Влад першим поставив крапку над «і» в цьому пошуку і показав де знаходиться Київ. Оксани не було в класі, а то вона б зразу знайшла столицю нашої країни. Я знала, що Оксана приїхала з Києва.

— Київ, — сказала я, — не тільки одне з найбільших і найстаріших міст Європи, але й центр музейної справи України. У місті нараховується більше 50 музеїв. В один з них ми сьогодні завітаємо. Це музей історичних скарбів України. По іншому він називається музеєм Скіфського золота. Золоті прикраси, виставлені в цьому музеї, були знайдені при розкопках могильних курганів скіфів, які розташовані в степах нижнього Дніпра. Ця найбільша ріка України впадає в Чорне море, — додала я і показала учням фото деяких експонатів музею.

Вони були у захваті. Поки учні розглядали фото, я далі проводила урок.

— **Скіфи**, — сказала я, — були одним з найдавніших народів, який населяв територію сучасної України ще у VII столітті до нашої ери. Вони жили на обох берегах ріки Дніпро, займалися землеробством, а також розводили коней і іншу домашню худобу. Вони вважали себе корінним населенням і були впевнені у своєму небесному походженні. Згідно з їх легендою, з неба впали чотири предмети, зроблені із золота: плуг, ярмо, бойова сокира і чаша. Плуг — це предмет для обробки землі, а скіфи переважно займалися вирощуванням зерна. Ярмо одягали на коней, щоб вони тягли плуг і обробляли землю перед посівом. Бойова сокира — це військова зброя і чаша, звичайно, для того, щоб з неї пити.

Я роздала аркуші паперу і запропонувала намалювати ці предмети за зразками, які я зробила напередодні. Поки діти малювали, я продовжила розповідь про цей давній народ: «За скіфською легендою один чоловік мав три сини. Двоє старших синів хотіли взяти ці подарунки з неба, але не втримали, бо ці предмети обпалили їм руки. Тільки молодшому сину вдалося втримати ці подарунки в руках. Його і визнали головним правителем скіфського царства. Багато народних казок починаються з того, що було у батька три сини, і тільки наймолодшому пощастило. Можна сказати, що народні казки зародились ще в давні скіфські часи».

— А ми будемо сьогодні читати казку? — запитала Оленка.

— Звичайно, — відповіла я. — Ми з вами почитаємо українську казку про трьох синів. А тепер я хочу закінчити розповідь про скіфів, бо їхня історія також схожа на казку. Скіфів вигнало з нашої землі войовниче плем'я сарматів і вони назавжди зникли з історії. Залишилися лише мовчазні могильні скіфські кургани. Про цей давній народ нам відомо з літературних пам'яток Давньої Греції.

— Що вам відомо про Давню Грецію? — запитала я учнів.

— Там жили греки, — сказав Василь, не відриваючись від малювання.

Scythians
Скіфи

— Звичайно, — погодилась я. — Стародавня Греція — це розвинена цивілізація в історії Греції, яка існувала на Балканському півострові. Цікаво, що греки також вважали, що їхні боги жили на березі Чорного моря. Саме тому греки довго не наважувалися селитися на цих землях. Але згодом почали заселяти землі на Чорному морі і в Криму, будувати свої селища і нести свою культуру. Греки займалися торгівлею і привозили вироби з золота, які обмінювали на зерно і рибу у скіфів.

— Золото — це гарно, — сказала Мадіна і подивилась на Аміру. — Моя мати каже, що золото треба купувати і носити.

— Твоя мати має рацію, — підтвердила я. — Золото, як відомо, дорогоцінний метал, який з часом не втрачає своєї якості. З давніх часів золото використовувалось для обміну і як цінна прикраса. Прикраси з золота клали у могили скіфських царів і воїнів, щоб забезпечити їхнє комфортне потойбічне життя, в яке вони вірили.

Аміра і Мадіна знову переглянулися.

— У мене кращі сережки ніж у Мадіни, — сказала Аміра.

Тільки у них з усього класу були золоті сережки у вухах, які й досі цінують жінки в усьому світі, особливо зі сходу.

Наприкінці уроку ми вчили назви осінніх місяців. Учні жваво відповідали, що жовтень так називається, бо листя жовтіє, а листопад так зветься, бо листя падає. Назву першого осіннього місяця вересня ніяк не могли згадати, а коли згадали, то Василь сказав: «Мій тато каже, що вересень так називається тому, що діти верещать, бо не хочуть іти до школи».

Всі засміялися, а я пояснила: «Назва першого осіннього місяця походить від рослини верес, яка росте у Поліссі і цвіте гарними фіолетовими квіточками з кінця літа і аж до жовтня».

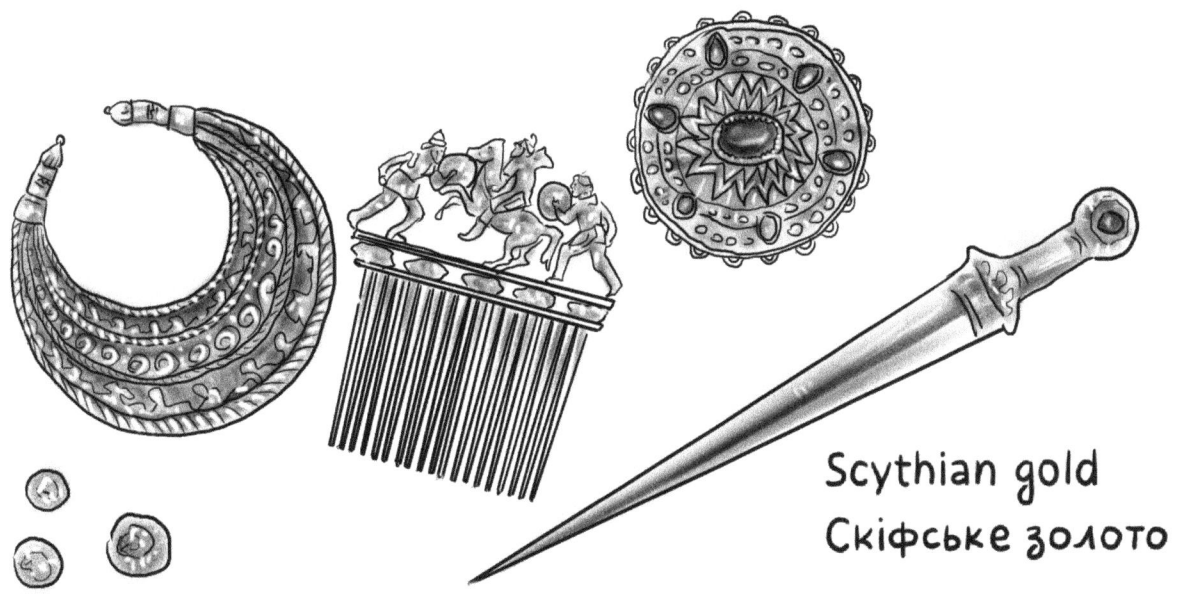

Scythian gold
Скіфське золото

По забутих слов'янських стежках

Наступного разу, коли я зайшла в клас, Влад сидів поряд з Оксаною і розповідав їй про скіфів та їхнє золото. Оксана слухала неуважно.

— Я все це знаю, — сказала вона трохи зверхньо.

— Ти хочеш сказати, що ти все знаєш? — не стримав образи Влад.

— Та вже більше за тебе, — відгородилась Оксана.

Я подумала: «Добре, що я принесла запис української народної пісні "Несе Галя воду", в якій йдеться про дівчину, яка не шанувала хлопця і втратила його прихильність. Українці привітні, але горді люди. Не будуть дружити, якщо до них ставляться без поваги».

— То як називається народ, який жив на українській землі в давнину? — запитала я клас, щоб підтримати Влада.

— Скіфи! — випалив він радісно.

— А який народ вигнав їх з цієї землі? — запитала я знов.

Тут утворилася пауза.

— Вигнали скіфів з цих земель **сармати**, які прийшли зі сходу, — нагадала я дітям. — Про цей народ ми майже нічого не знаємо. За легендою сармати вважалися нащадками скіфів і амазонок, войовничого жіночого племені, яке в давнину населяло Крим. Сармати витіснили скіфів у Крим і заселили їхні землі на березі Чорного моря. У сарматів було багато різних народностей, у тому числі і народність **роксоланів**. Так пізніше у середніх віках почнуть називати Україну і всіх вихідців з України в турецьких та європейських документах.

Я показала учням портрет однієї з найвідоміших жінок середньовіччя Роксолани.

— Я думаю, що ви чули про Роксолану з України, яка стала дружиною могутнього турецького султана. Це її портрет, написаний великим італійським художником Тіціаном, який жив саме у той час, що і Роксолана, — сказала я, дивлячись у бік Оксани, але вона занурилась у свої думки і рукою виводила лінії на столі.

— Я чув про Роксолану, — вскочив Влад, — але я думав, що це просто ім'я.

— Ні, — зауважила я, — це загальна назва цілого племені роксоланів. За народними переказами її звали Настя. Після того, як вона потрапила в гарем турецького султана і стала його дружиною, її стали називати Гасекі Гюрем Султан.

— Я цього не знав, — зізнався Влад.

Roxolana
Роксолана

— На початку нашої ери землі біля Чорного моря були завойовані Римською імперією. Вона не могла навести лад на цих землях через постійні війни різних кочових племен, що населяли степи на півдні сучасної України, — повернулась я до своєї розповіді про історію України. — Кочовими називали племена, які не оселялися на одному місці, а пересувалися з одного місця на інше в пошуках кращої землі або пасовиськ для худоби. Різні племена жили в степах і лісах України. З часом вони перейшли, або були витіснені в інші землі, і тільки слов'янські племена залишились там назавжди.

— А хто такі слов'яни? — запитала Аміра.

— Сьогодні ми про це дізнаємось, бо подорожуємо з вами по стежкам давніх слов'ян, — сказала я. — Які слов'янські народи ви знаєте? — запитала я клас.

— Українці, білоруси та росіяни, — впевнено заявив Влад. — Це все.

— Ні, їх набагато більше. Слов'ян, чиї стежки завели їх до Польщі, Словакії, Сербії та Чехії називають **західними слов'янами**. Тих слов'ян, які попрямували по стежкам до Болгарії, Боснії, Македонії та інших країн Балканського півострова називають **південними слов'янами**. Слов'ян же, яких стежки привели до Білорусії, України та Росії називають **східними слов'янами**. Цей поділ за територіальною ознакою зроблений виключно тільки для зручності.

Я поставила на стіл географічну карту Європи збільшеного формату, щоб можна було її добре розглядіти, і запропонувала учням знайти на карті всі ці країни.

— Було б вам цікаво подорожувати по європейських країнах? — запитала я учнів.

— Було б здорово, — сказала Мадіна. — Я б поїхала на Балкани, кажуть там дуже гарно.

— А я б поїхав до Польщі, — сказав Василь, — або до Болгарії.

— На карті всі ці країни знаходяться поряд, але це велика територія, — пояснила я. — Слов'яни розселялися на цих землях дуже повільно протягом VII та VIII століть. Це було переважно мирне розселення.

Учні водили пальцями по карті і вибирали країни, куди б вони хотіли поїхати.

— Як ми з'ясували, — зробила я висновок, — слов'янських народів було багато, вони походили з різних племен і мали різноманітну історію і географію, тому нащадків давніх слов'ян не можна називати одним народом. Ці народи не однакові, бо кожен з них має свою історію, культуру і мову. Так само український народ має свою особливу історію, культуру і мову, що ми з вами і вивчаємо.

— Я з вами згоден, — сказав Денис, — як деякі росіяни можуть казати, що ми з ними один народ, якщо вони навіть розмовляти не вміють по-нашому.

— А я не розумію польської мови. Я навіть не знав, що вони слов'яни, — додав Василь.

— Звичайно, так, — підтримала я своїх україномовних учнів. — Про це ми з вами будемо говорити пізніше, а зараз послухаємо українську народну пісню і почитаємо українську казку.

Коріння українського народу

Наступного уроку я знову принесла географічну карту Європи.
— Зверніть увагу, — сказала я учням. — Україна повністю знаходиться в Європі — це європейська держава, одна з найбільших. На півдні українська земля закінчується Чорним морем. Давайте з вами знайдемо країни, з якими Україна межує.

Діти згуртувалися біля карти і почали знаходити сусідні з Україною держави. Деякі вони вже знали з минулого уроку, тому вони швидко знайшли і назвали майже всі країни: Молдову, Румунію, Угорщину, Словаччину, Польщу, Білорусь і Росію. Влад чомусь не приймав участі в загальному обговоренні.

— Як ви бачите, — сказала я учням, — Україна займає дуже вигідне географічне положення на шляху між Європою та Азією. Більшість її території припадає на відкритий причорноморський степ з родючими чорноземними полями. Саме тому ця земля притягувала різні народи, які намагались тут поселитися.

— Так, — зауважив Влад байдуже. — Ви нам вже розповідали про скіфів, греків та сарматів.

— Всі ці народи були та загули, — додав Василь. — Тільки слов'яни там залишилися.

— Це так, — підтвердила я. — Слов'яни там утворювали племена і будували невеликі поселення.

Кожен народ має своє коріння. В центрі України на берегах Дніпра жило слов'янське плем'я **ПОЛЯН**, які були прямими предками українського народу. Займалися вони землеробством і захищали свої землі від кочових племен. Там починалась стародавня історія українського народу і Україна має первинне право на цю історію. Віками у нашої країни інші народи намагалися забрати цю первинність і присвоїти собі нашу територію, але український народ кожного разу боровся за свої права. Також у ті давні часи зародилась українська мова, яка збереглася і до сьогодні.

— А хіба це має значення, якою мовою розмовляти? — запитала Аміра. В її сім'ї розмовляли декількома мовами.

— Мова кожного народу передається з покоління у покоління, — зауважила я. — Це необхідна умова існування народу так само, як необхідне дихання для існування кожної людини. Немає мови — немає і народу. Тому українську мову намагались знищити протягом віків сусідні держави, які також зазіхали на нашу землю.

— А для чого знищувати мову? — здивувалася Мадіна.

— Я хочу розповісти вам свою історію, — поділилась я з учнями. — Я жила в Україні за часів Радянського Союзу. Це було штучне об'єднання 15 республік, яке існувало з 1922 по 1991 рік. У той час українську мову навмисне підміняли російською в школах, університетах, театрах, на телебаченні та інших установах, щоб люди вимушені були спілкуватися російською мовою. Таким чином вони намагалися знищити українську націю.

Я показала дітям на карті південне місто на Чорному морі, звідки я приїхала.

— Я жила у великому місті і зростала в російськомовному середовищі. Однак я чула українську мову від своєї бабусі. Вона мені співала українські пісні і розповідала українські казки. Вона також ділилася зі мною трагічними подіями з історії українського народу за радянських часів, яких вона сама була свідком. Зокрема, вона розповідала про **голодомор 30-х років** минулого століття.

— А що таке голодомор? — запитала Оленка.

— Добре, що ви цього не знаєте, — відповіла я. — Голод в Україні був утворений навмисно, щоб підкорити українське селянство, а воно складало більшість населення України. Моя бабуся розповідала, що люди вмирали від голоду прямо на вулицях по всій Україні, бо радянська влада забирала у них все зерно і домашню худобу. Тепер все більше країн визнають той страшний голод, коли померло більше 25% населення України, геноцидом українського народу.

— А що це означає? — спитала Мадіна, порушивши раптову тишу, яка утворилась у класі.

— Інакше кажучи, українців винищували через їхню національність і тому, що піднесення їхньої культурної незалежності було загрозою для радянської влади. У той час під ударом були не тільки прості люди, але й значна частина освічених людей України. Незважаючи на це радянській владі не вдалося зупинити національний розвиток українського народу. Я знала, що я українка, тому намагалася вивчати українську мову та історію поза поодиноких уроків з української мови, які були в школі. Я пішла навіть далі і вступила до єдиного в нашому місті україномовного факультету, щоб отримати освіту вчителя української мови та літератури. Тому я сьогодні знаходжусь у вашому класі і розповідаю вам про українську культуру та історію.

— Мої бабуся і дідусь, що живуть в Україні, також розмовляють українською мовою, — сказав Денис.

— І мої також, — додав Джейсон, який пересів за сусідній стіл і перегортав сторінки книжки українських казок, яку ми збиралися згодом читати в класі. Я його пересадила, щоб він не заважав іншим, але виявляється, що він слухав.

— Я чула як наша мати розмовляє українською з нашою бабусею по телефону, — сказала Мадіна.

«Діти все помічають», – подумала я і додала від себе: «Саме тому ваші батьки і віддали вас в цей позашкільний клас, щоб ви не забували рідної мови і не забували, що ви — українці!»

— Яка зараз пора року? — запитала я, щоб перейти до іншої теми.

— Осінь! — прочитала Оленка, яка ближче всіх сиділа до кольорового плаката з осіннім листям, який був виставлений у класі.

Я запропонувала учням розібрати слово «осінь» по літерах і ми виявили, що це слово закінчується на м'який знак, який не вимовляється.

— Незважаючи на те, що м'який знак не вимовляється, він виконує дуже важливу роль, бо пом'якшує попередню літеру. В англійській мові, — зауважила я, — немає м'якого знаку і англомовні люди не можуть вимовляти слова з пом'якшенням. Завдяки великій частоті вживання м'якого знаку, а також голосних звуків, українська мова є однією з наймелодійніших мов світу і дорівнює в цьому італійській.

Я дала учням текст української пісні «Ой, чий то кінь стоїть» і запропонувала їм порахувати в ній кількість м'яких знаків. За хвилину вони знайшли там понад десяток цих на перший погляд незначних, але таких важливих літер.

> Ой, чий то кінь стоїть,
> Що сива гривонька.
> Сподобалась мені,
> Сподобалась мені
> Тая дівчинонька.
>
> Не так та дівчина,
> Як біле личенько.
> Подай же дівчино,
> Подай же гарная
> На коня рученьку.

Потім ми влаштували свято літери «ь» і привітали Василя з днем народження, бо він народився в цьому мінорному останньому місяці осені і мабуть тому для контрасту був таким кумедним та невгамовним.

Наприкінці уроку ми прослухали запис сучасної пісні у виконанні Оксани Білозір, яка називається «Листопад».

***

Після уроку по дорозі до автобусу, який розвозив дітей по домівках, я відвела Влада від гурту дітей і запитала: «Що трапилось? Ти якось сьогодні не в настрої».

— А ви хіба не знаєте? Оксана збирається повертатися назад до Києва разом з матір'ю.

Я помітила, що Оксани не було в школі декілька днів і сьогодні вона також була відсутня в моєму класі. Я якраз збиралася телефонувати її матері.

— Ти повинен її зрозуміти, вона сумує за батьком і за своїм домом, — сказала я Владу.

— Але там небезпечно, — зовсім по-дорослому зауважив він.

— Київ відбили від ворога і багато людей вертаються додому. Я думаю, що все буде гаразд. Візьми в неї адресу, щоб переписуватися, — порадила я.

— Так, я взяв її електронну адресу і вже написав, — трохи повеселішав Влад.

Таємниці Київської Русі

Одного дня я зустрілася з учнями в шкільному кафе. Вони вечеряли перед тим, як піти на заняття позашкільного класу. На вечерю дали дуже перчену котлету з індички, яку не всі діти могли їсти. Джейсон їв бутерброди, які він приніс з дому і запивав водою з літрової пляшки. Василь їв і кривився так смішно, що всі реготали з нього.

— Ти мабуть будеш коміком, коли виростеш, — сказала я йому жартівливо.

Він захитав заперечливо головою, а на очах у нього з'явилися сльози від перченої котлети. Всі знову засміялися.

Після вечері ми вишикувалися в рядок, щоб іти до класу. Денис трошки забарився, а потім вскочив наперед і спитав із стверджуючою інтонацією: «Можна я буду першим?»

— Ні, — відповіла я. — Це не ввічливо по відношенню до інших, які чекали на тебе, поки ти розмовляв з товаришем. Іди в самий кінець, будь ласка.

Він не образився і слухняно пішов у кінець ряду, після чого ми попрямували до бібліотеки. Я подумала про те, що дуже добре, що дітей у школі привчають поважати інших і чекати своєї черги, а не лізти наперед. Вони знали як правильно треба себе поводити і я не хотіла робити ніяких винятків.

Ми зайшли в просторну, але затишну бібліотечну залу. Надворі вже було темно. Сильний вітер жбурляв у зачинене вікно мокре від проливного дощу осіннє листя, яке прилипало до шибки. Ймовірно, воно не встигло злетіти з дерев протягом осені і тепер ніби то було покаране за це першим зимовим місяцем.

Я розпочала урок з пояснення назви місяця.

— Грудень, — сказала я, — це останній місяць року і перший місяць зими. Ви мабуть помітили як на вулиці різко похолодало. У західній частині України цей місяць також називається студень, що означає холодний. Може ви чули цю назву від своїх батьків, — додала я, звертаючись до Оленки і Дениса, бо вони приїхали саме звідти. Іванна кивнула в знак згоди.

Я помітила, що діти були трохи неуважні на уроці. Денис складав шкільні папірці в ранець. Оленка і Аміра пошепки розмовляли про щось, напевно, важливе, бо вони були подругами.

— Кожне слово в українській мові має своє особливе значення, — зауважила я, не дочекавшись відповіді від учнів. — Наприклад, назва грудень утворена від слова грудки. Справа в тому, що коли мокра від осінніх дощів земля замерзає, то вона стає грудкуватою. В народі також цей місяць називали хмурень. Бачите як надворі темно і непривітно.

Діти подивились у вікно, але там нічого не було видно. Тільки було чути як дрібний дощ стукав у шибку.

— Тепер поговоримо про літеру «г», з якої починається слово грудень. Ця літера вживається в більшості українських слів. Але є в українському алфавіті незвичайна літера, яка передає дзвінкий приголосний як, наприклад, у словах ґанок, ґудзик, ґуля і пишеться зі спеціальною позначкою вгору «Ґ».

Я написала слова, в яких вживаються ці літери, і показала їх учням.

— Давайте промовимо ці слова вголос і ви почуєте різницю, — запропонувала я.

Вони залишили свої справи і з радістю почали голосно вимовляти слова, які я написала на дошці.

— Бачите як важливо використовувати літери, які передають оригінальне звучання української мови. Цікаво, що ця літера була заборонена за радянських часів, тобто це не просто літера-патріотка, а навіть літера-бунтарка, яка повернулася до рідної мови після років замовчування.

— Ця літера завжди була в українській мові, — заперечила Іванна. — Я її вивчала в школі.

— Ми з тобою з різних поколінь, — зауважила я Іванці. — Ти вчилася в школі, коли Україна вже стала незалежною. У цьому році відзначалася 31 річниця Незалежності України. Я цю літеру не вивчала ні в школі, ні навіть в університеті, де готували викладачів української мови. Це ще один доказ того, що українську мову поступово знищували. Тому сьогодні ми влаштуємо свято не тільки літері «г», але і її рідній сестрі літері «ґ», — додала я.

Я попросила Іванку роздати учням зимові розмальовки. Джейсон підскочив їй допомагати, а я виставила на стіл фломастери і кольорові олівці.

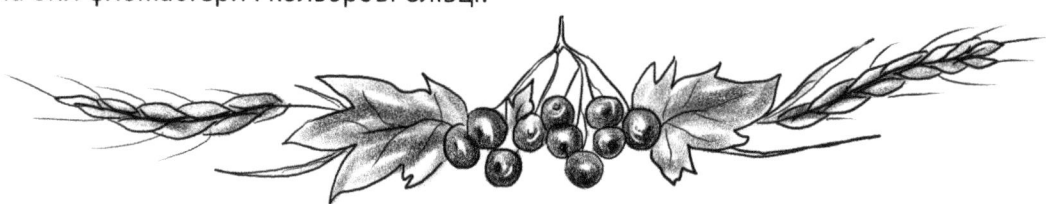

Поки діти малювали, ми прослухали всесвітньовідомий «Щедрик» різними мовами.

— Ця пісня була написана геніальним українським композитором Леонідом Леонтовичем і вперше виконана хором Київського університету ще в 1916 році, — повідала я учням. — Ця мелодія облетіла весь світ і займає перше місце за частотою виконання вже більше як 100 років. Весь світ визнав «Щедрик» піснею 20 століття, а Україну — країною пісень. Пісня «Щедрик» є символом Різдва в Європі, Канаді, Австралії, і навіть в Японії, бо вона перекладена на японську мову. В Америці ця пісня відома під назвою «Колядка Дзвонів».

— А арабською мовою є? — поцікавилась Мадіна.

— Уяви собі, що є, — сказала я і порадила їй дослухати запис до кінця.

Коли залунав «Щедрик» арабською мовою Мадіна і Аміра пожвавились, прислухаючись до слів, бо вони трохи знали арабську мову від батька.

— Наближається Різдво, — сказала я дітям. — На це свято звичайно дарують подарунки і надсилають побажання здоров'я і щастя. Якщо ви помітили, сьогодні в класі немає Оксани. Вона збирається повертатися в Київ, щоб побачитись з батьком, який захищає Україну від ворогів. Я принесла аркушики паперу в клас. Давайте кожен з нас напише їй побажання і намалює щось від душі. Ми віддамо ваші побажання Оксані поки вона ще тут.

Дітям сподобалась моя ідея і вони почали малювати, використовуючи переважно сині і жовті кольори.

— Незважаючи на те, що Різдво — християнське свято, — продовжувала я урок, поки діти малювали, — такі народні традиції як колядки і щедрівки виникли ще в дохристиянський час, тобто ще до заснування Київської Русі.

Денис і Василь затіяли суперечку через кольорові олівці. Я попросила Іванну розсадити їх і кожному дати окремі олівці, щоб вони не заважали іншим учням. Коли вони заспокоїлись, я продовжила: «Багато таємниць криється в історії Київської Русі, яка була заснована на землях України наприкінці IX століття. Сьогодні ми відправимось до Київської Русі і розкриємо деякі з них. Єдиний документ того часу, який дійшов до нас — це "**Повість минулих літ**", написаний **Нестором Літописцем**. З цього літопису відомо, що Київська Русь була заснована **варягами**. Вони прийшли на наші землі з півночі, зокрема зі Швеції. Їх також називали вікінгами. В ті давні часи вони активно засновували свої поселення на території сучасної Європи. Їх сліди знаходять навіть в Америці. Слов'янські племена, якщо вірити літопису, звернулися до варягів, щоб захиститися від набігів кочовників. Але "Повість минулих літ" — це літературний твір, написаний більше як через 150 років після утворення Київської Русі, і там, звичайно, може бути багато домислів автора».

— Хто ж саме заснував Київську Русь? — запитав Джейсон.

— Вчені досі не прийшли до єдиної думки про те, хто саме заснував Київську Русь, — відповіла я. — Що можна сказати напевне, так це те, що на той час уже був Київ, який за легендою заснував **полянський** князь **Кий** у V столітті. Його іменем і назване місто. Відомо також, що навколо Києва існувало слов'янське поселення полян, з яких пішли українці. Тобто утворення Київської Русі мало пряме відношення до Києва, який зараз є столицею України. До того ж українці є прямими нащадками полян — племені, яке відіграло провідну роль у становленні Київської Русі.

— А чому вона називалася Русь, якщо її заснували шведи? — резонно здивувалася Оленка.

— Справа в тому, що шведських варягів, які заснували Київську Русь, також називали «русь». Їх так називали їхні сусіди фінни, бо так називали чоловіків, які веслують. Відомо, що варяги часто використовували кораблі на веслах для своїх подорожей в інші країни. Також назва Русь могла бути взята від назви ріки Рось, яка і досі протікає біля Дніпра та впадає в Чорне море. Деякі історики вважають, що ця назва утворилася від імені слов'янського племені роксоланів, яке походить з іранської мови і означає «світло».

— А Росія і Русь — це одне і теж? — знову запитав Джейсон.

— Я рада, що ви уважно слухаєте і ставите запитання, — похвалила я учнів. — Ні, Джейсон. «Русь» і «Росія» — це різні історичні явища. До появи назви Росія, ця країна мала назву Московського князівства, а мешканців називали московітами. Московські царі, спочатку Іван Грозний, а потім Петро І, намагались присвоїти собі історичну спадщину Київської Русі і тому перейменували цю територію. Вони використали слов'янську назву «Русь» і додали до неї закінчення «ія» з латинської мови. Це перейменування відбувалося протягом XVI - XVIII століття, тобто через декілька віків після існування Київської Русі.

Урок наближався до кінця і нам треба було прибрати в кімнаті, а також поставити всі стільці на місця, тому я сказала: «На жаль, у нас немає більше часу розмовляти на цю тему. Детальніше про історію Київської Русі ми поговоримо на наступному занятті, яке вже відбудеться після зимових канікул».

Golden Gate, Kyiv
Золоті ворота, Київ

ЧАСТИНА ДРУГА

Чия Київська Русь?

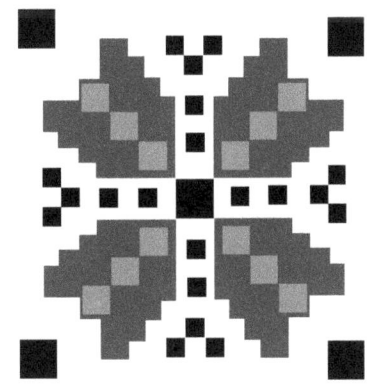

Подорож до Києва

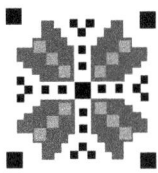

    Розпочались зимові канікули і я почала готувати план уроків на наступний рік. Перебираючи книги на полицях у своєму кабінеті, я звернула увагу на пакет фотографій Києва в яскравій обгортці з видами Хрещатика і Софійської площі, виданий ще у 1998 році. Переглядаючи комплект із 15 кольорових листівок, я побачила декілька фото пам'ятників правителям Київської Русі.

    Я бувала у Києві, коли жила в Україні, завжди захоплювалася красою цього міста, його архітектурою, затишними парками, широкими вулицями і чудовими видами на Дніпро, але, на жаль, ніколи не звертала уваги на ці історичні пам'ятники і ніколи не задавалась питанням: чия Київська Русь? Тепер було б добре запропонувати моїм учням дистанційну подорож до Києва, принести в клас ці фотографії і детально розглянути їх, пов'язуючи з історичними фактами.

***

    Перед першим після зимових канікул позашкільним уроком я очікувала на учнів у шкільному кафе. Діти їли піцу з сиром і запивали молоком з пакету. Я підсіла до Влада.

— Що чути від Оксани? — запитала я Влада.

— Не знаю, давно не чув від неї нічого, — сказав він похмуро. — У Києві перебої з інтернетом, відключають світло і опалення. Вона писала, що навіть класи проходять у метро під землею через постійну загрозу бомбування.

— Ти спитай її адресу і запитай, що їй потрібно. Я знаю одну благодійну організацію, яка відправляє гуманітарну допомогу в Україну і ми зможемо надіслати їй посилку через цю організацію.

— Добре, — відповів Влад. — Я також побалакаю з батьками. Я знаю, що вони відправляють весь час гроші моїм дідусеві і бабусі, які живуть в Україні.

— А вони не хочуть виїхати, поки там йде війна?

— Ні, відмовляються. Кажуть, що нікуди не поїдуть.

— А ти б хотів поїхати до Києва?

— Як? — майже поперхнувся куском піци Влад.

— Звичайно, дистанційно, на уроці, — заспокоїла я його.

— Було б цікаво, — як завжди по-дорослому розсудливо сказав він.

Жива історія

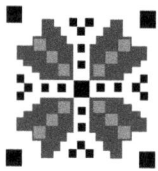

На початку уроку я привітала учнів з новим роком і прочитала їм уривок з поеми «Кавказ» великого українського поета **Тараса Шевченка**:

> Борітеся — поборете,
> Вам Бог помагає!
> За вас правда, за вас сила
> І воля святая!

— Україна, — сказала я, — сьогодні, як і в давнину, всьому світу показує приклад боротьби за свободу і незалежність. Ви знаєте як звати президента України?

— Зеленський, — сказав Денис. — Він мені дуже подобається.

— Чому? — запитала я.

— Тому що він ніколи не здається, — без роздумів відповів Денис.

— Так, — погодилась я. — Президент України Володимир Зеленський і боротьба українського народу за свободу були визнані «людиною 2022 року» за оцінкою журналу «Time». Журнал опублікував портрет українського президента під заголовком «Людина року: Володимир Зеленський і Дух України». Зеленський відмовився виїхати з країни в перші дні повномасштабного вторгнення Росії в Україну, хоч обставини були дуже небезпечними.

Я дала учням роздивитися обкладинку журналу «Time», яку я загрузила з інтернету, і розпочала розповідь про Київ.

— Столиця України місто Київ і історія українського народу тісно пов'язані. Його вулиці і будинки — це жива біографія всієї нашої Батьківщини, — почала я свою розповідь. — На жаль, ми можемо відправитись у подорож до Києва тільки дистанційно, але все одно це буде незабутня подорож.

Я поклала на стіл фотографію пам'ятника засновникам Києва з моєї колекції і продовжила: «Наша перша зупинка біля пам'ятника на честь заснування Києва. Цей пам'ятник стоїть на набережній Дніпра. Він був встановлений з нагоди **1500** річниці міста, яка відзначалась у травні **1982** року».

— Ого, — вигукнув Василь, — то Києву вже так багато років?

— Скільки років Києву точно невідомо, але вчені погодились, що Київ був заснований у **V столітті**, тобто місту напевне не менше як 1500 років, — пояснила я. — Київ був заснований місцевим князем або вождем полянського племені Києм, ім'ям якого і названо місто.

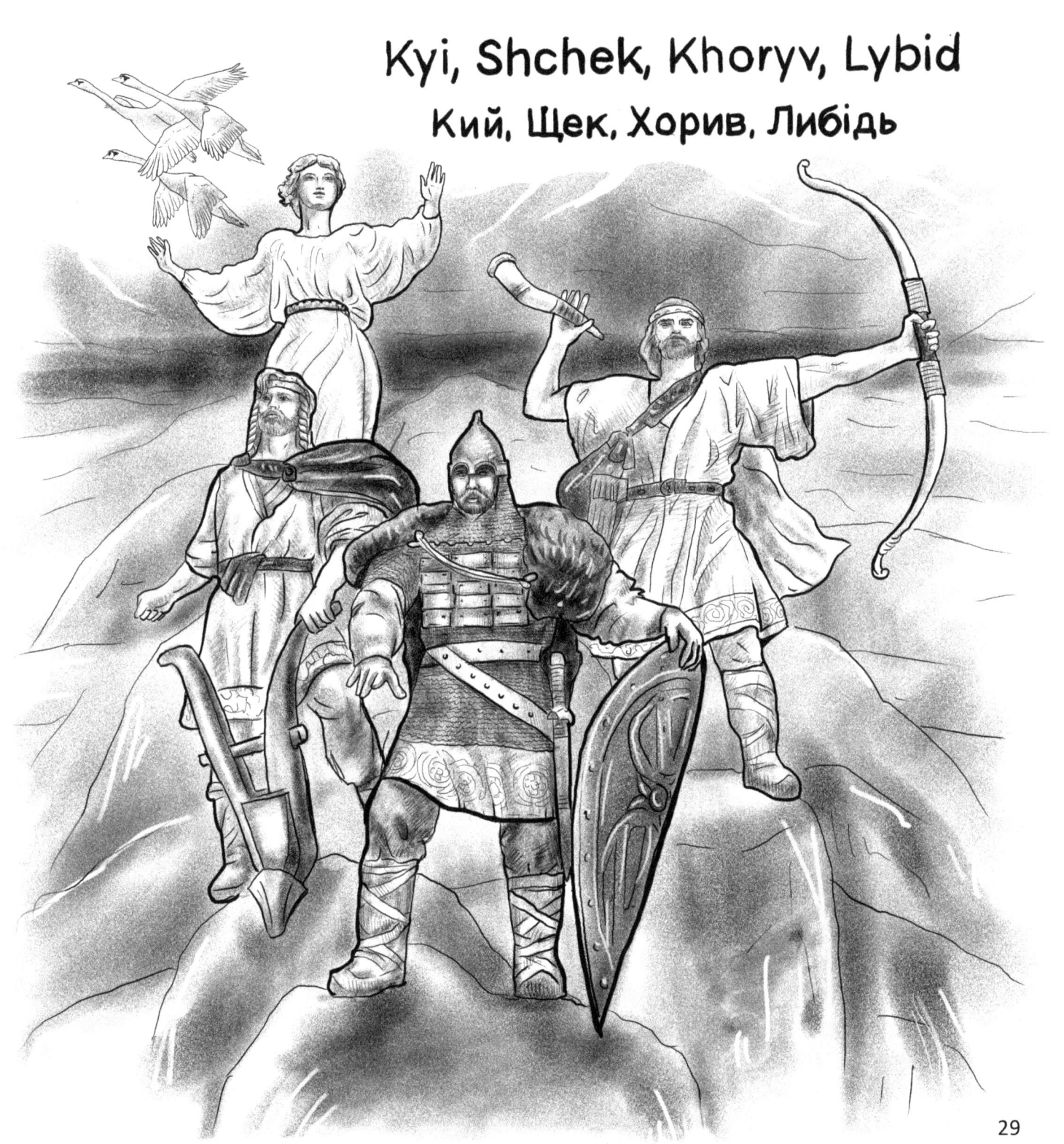

— Послухайте, що пише про це Нестор Літописець у «Повісті минулих літ»: «І були три брати: один на ім'я **Кий**, другий — **Щек** і третій — **Хорив**, а сестра їх — **Либідь**. Сидів Кий на горі, де нині узвіз Боричів, а Щек сидів на горі, яка нині зветься Щековицею, а Хорив на третій горі, яка й прозвалася за іменем його Хоривицею. І побудували місто на честь старшого свого брата, і назвали його Київ».

Учні по черзі розглядали фотографію пам'ятника. Я взяла фотографію в руки і показала її так, щоб усім було видно.

— Подивіться на пам'ятник, — звернула я їх увагу на фото. — Славетні засновники стоять у човні, дивлячись по різні сторони, мовби на сторожі Києва. Їхня сестра Либідь стоїть на чолі човна із розпростертими руками, ніби лине у небо і веде їх у майбуття. Либідь стоїть спиною до своїх братів, зображаючи політ. Вітер розвиває її одежу. Човен ніби пливе на хвилях, під якими встановлено гранітний постамент. Поруч знаходиться фонтан і пам'ятний камінь із випискою з літопису про історію заснування Києва, яку я вам щойно зачитала.

— Мені подобається Либідь, — сказала Оленка. — А звідки відомо як вона виглядала?

— Цього ніхто не знає, — зауважила я. — Але автор пам'ятника скульптор Василь Бородай зробив скульптуру Либіді схожою на власну доньку, талановиту художницю Галину, яка загинула у молодому віці. Назву Либідь носить права притока Дніпра, яка знаходиться на території Києва. Річка Либідь згадується в літописах ще до заснування Київської Русі. За однією з легенд, річка Либідь утворилась від сліз сестри засновників Києва — братів Кия, Щека та Хорива — Либіді. Перекази говорять, що княжна була дуже вибагливою до наречених: висміювала женихів, які до неї сваталися, і відсилала їх назад. Згодом, коли ті перестали приходити до неї, засумувала. Невдовзі вона збудувала дім на горі і жила там на самоті, проливаючи сльози. Гору, де стояв її будинок, стали називати Дівич-горою, а річку, що утворилася з її сліз — Либіддю.

Наприкінці уроку я дала дітям розмальовки середньовічних фортець і замків. Поки діти малювали, я розповідала їм про те, як виглядав Київ у ті далекі часи: «На початку Київ являв собою невелику фортецю, яка була побудована на правому березі річки Дніпро на Старокиївській горі. Тепер ця історична місцевість носить назву Верхнього міста і там знаходяться найважливіші пам'ятки історії столиці. Розташування міста на перетині важливих торгівельних шляхів стало поштовхом до його швидкого розвитку з одного боку, а з другого — бажаною метою для загарбників. Дуже швидко Київ за своїм розвитком почав випереджати тогочасну Західну Європу. У місті були вулиці, вимощені деревом, було водопостачання по природним струмкам і своя каналізація. Київ стояв на височині з крутими схилами і мав дві лінії укріплень, тому його важко було захопити. Як ми з вами знаємо, Київ вистояв і перед натиском сучасної російської навали. Як і за часів Київської Русі, Київ залишається головним містом країни і важливим центром європейської цивілізації».

Історичний шлях

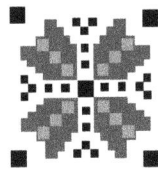

Наступного уроку я запропонувала учням зупинитися на Михайлівській площі біля пам'ятника **княгині Ользі**, першій і поки що єдиній жінці — главі держави в історії України.

— Ольга, як нам відомо з «Повісті минулих літ», була жінкою князя Ігоря, який прибув до Києва ще в дитинстві разом зі своїм дядьком і опікуном Олегом. Олег захопив владу і правив Києвом аж до своєї смерті, після чого влада і перейшла до Ігоря, який був законним спадкоємцем правлячої династії.

Я показала учням фотографію пам'ятника і сказала: «Пам'ятник княгині зробили з італійського мармуру. Зверніть увагу, що поряд з пам'ятником Ольги стоять фігури греків Кирила та Мефодія, які принесли писемність у Київську державу і апостола Андрія Первозванного. Він, за переказами, проповідував християнство на Київських горах».

Поки учні розглядали фотографію, я розповідала їм про княгиню Ольгу: «У літописах княгиню Ольгу описують як вродливу, енергійну і мудру правительку. На початку свого правління вона помстилася тим, хто вбив її чоловіка і взяла територію їх племені під свою владу. Було це так. Незадоволене великими податками, слов'янське плем'я древлян підняло повстання, в якому і загинув Ігор, чоловік княгині Ольги, зі своїм невеликим військом. Лідер древлян, якого звали Мал, вирішив одружитися з Ольгою і зайняти Київський престол. Ольга запросила його до Києва, а коли він зі своїми людьми підпливав до міста на човні, вона наказала підпалити човен і вони всі згоріли».

— Який жах! — вигукнула Аміра.

— Ми повинні приймати до уваги, що це відбувалось у далекі середні віки, коли люди і династії боролися за існування і часом вдавалися до жорстоких методів, — роз'яснила я.

Я дала учням розмальовки лицарів епохи Київської Русі, які захищали замки і ходили у воєнні походи.

— У лицарів завжди було залізне оснащення, шоломи, мечі і щити для захисту від ударів, — сказала я.

— Я був би лицарем і захищав свою землю, — сказав Влад.

— Звичайно, — погодилась я. — Але у княгині Ольги не залишилось захисників, а її син Святослав був ще малим, тому вона і захищалася від ворогів як могла. Розправившись з ворогами, Велика Княгиня Ольга стала віддавати перевагу дипломатії перед війною. Вона першою прийняла християнство і здобула право на переговори з главою християнського світу, який перебував у Константинополі, тепер Стамбул. Не випадково саме за її правління та за правління її сина Святослава, Київська Русь перетворилась на могутню державу, з якою мусили рахуватися сусіди. Після загибелі її сина Святослава, у якого було три наступники, почалися війни між членами династії за правління у Києві. Так був покладений початок війнам за верховну владу у країні.

Новий етап в історії Київської Русі

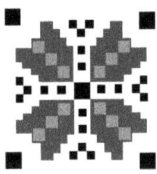

— Сьогодні ми з вами відправляємось до пам'ятника князю Володимиру, який розташований у парку над крутим схилом Дніпра, — почала я наступний урок і показала учням фотографію пам'ятника. — Подивіться: у правій руці князь тримає величезний хрест — символ хрещення Русі, а у лівій — княжу шапку. Пам'ятник був встановлений у середині XIX століття і зберігся до сьогоднішнього дня в оригінальному вигляді.

Поки учні розглядали по черзі фотографію, я почала розповідь про правління князя Володимира і новий етап у розвитку Київської Русі: «У Володимира було 12 синів, яких він посадив на правління по всій країні, щоб зосередити владу в руках своєї родини. Також він захищав кордони, збирав данину і приєднував нові землі, зокрема він приєднав до Київської Русі землі сучасної Західної України. У той час не було міжнародно визнаних кордонів, як тепер, і суперечки між окремими народами вирішувались силою. Так розвивались держави середньовіччя і Київська Русь не була винятком. Київська Русь перетворювалась на велику європейську державу того часу і Володимир отримав титул **Володимира Великого**. Для того, щоб бути рівним іншим європейським правителям, Володимир вирішив прийняти християнство як це зробила його попередниця Ольга».

— А у що вірили до того в Київській Русі? — запитав Влад.

— До хрещення слов'яни були язичниками і поклонялись язичницьким богам, яких вони уявляли собі у вигляді різних сил природи, найсильнішим з них був бог грому, якого звали Перун, — пояснила я.

— Цікаво! — втрутився Василь. — Хай би собі і далі так вірили. Що тут такого?

— Майже всі європейські країни були вже на той час християнськими, — пояснила я. — Князь Володимир хотів, щоб Київська Русь була їм рівною. До того ж він вирішив одружитися з сестрою візантійського імператора — Анною, а без прийняття християнства це було неможливо.

— Ну так би і сказали, — з усмішкою в голосі знову сказав Василь. — Він просто хотів одружитися.

Діти заворушились і стали посміхатися.

— Може ти і правий, — не сперечалась я, — бо після укладення шлюбу, Володимир позаганяв мешканців Києва у Дніпро і, незважаючи на їх протести, всіх разом похрестив. Сцена хрещення народу відображена на пам'ятнику, — звернула я увагу учнів на фотографію. — Також там можна побачити зображення зірок і хрестів як символ хрещення вогнем і мечем. Незважаючи на те, що народ похрестили насильно, ця подія мала величезний вплив і на розвиток держави і на її місце серед інших держав християнського світу.

Я дала учням розглядати фотографії православних храмів Києва і продовжила: «Не менша заслуга Володимира у впровадженні грамотності в народі. У Київській Русі використовувався **кириличний алфавіт**, створений греками Кирилом і Мефодієм. Цей алфавіт став основою української писемності і літератури. Він був названий кирилицею на честь його автора Кирила. В англійській мові, як і в багатьох європейських мовах використовується латинський алфавіт з тепер вже мертвої латинської мови. Ця мова також збереглася в назвах багатьох термінів, особливо в медицині, тому її вивчають в університетах. Я вивчала латинську мову, коли вчилася в університеті».

— А для чого був потрібний інший алфавіт? — запитала Аміра. — Хіба одного було недостатньо?

— Потреба в іншому алфавіті виникла тому, що у слов'ян на той час не було писемності, тому і була створена кирилиця, яка відбивала особливості розмовної мови. Завдяки впровадженню писемності ми можемо вивчати нашу історію, — сказала я на завершення. — Найбільш відомим літературним твором того часу є «Повість минулих літ», в якому йдеться про створення Київської Русі.

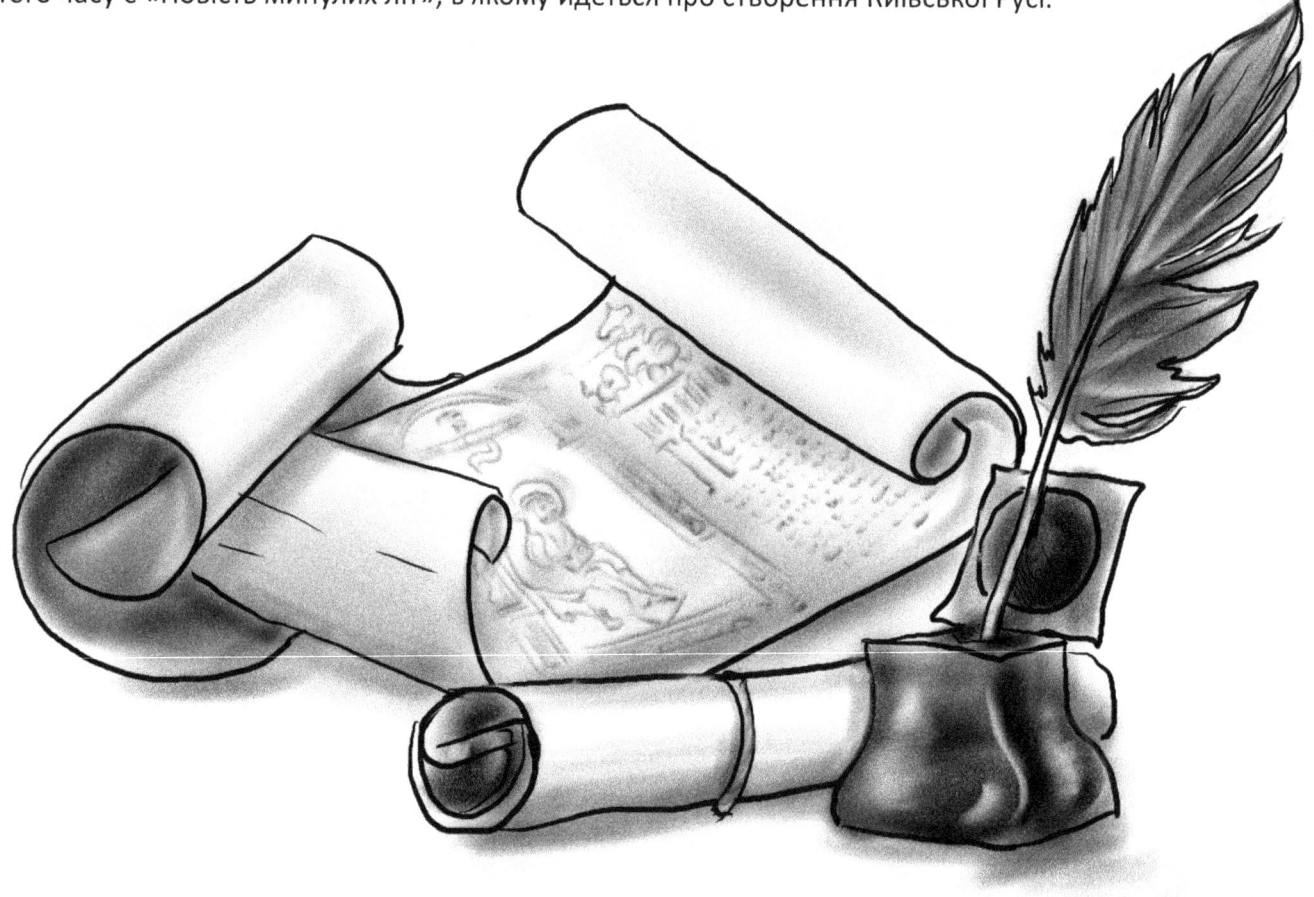

Золоті ворота

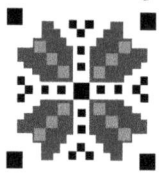

— Сьогодні ми з вами зупинимось біля пам'ятника **Ярославу Мудрому** — сину Володимира, який був князем Київської Русі на початку X століття, — почала я наступний урок. — Він був встановлений вже за часів незалежності України наприкінці 90-х років у сквері біля Золотих воріт.

Я поклала на стіл фотографію пам'ятника і сказала: «Подивіться: князь тримає в руках макет Софійського собору і дивиться у бік справжнього собору, який він заснував. Це був основний собор міста, а Золоті ворота були головним в'їздом. Як ви бачите, розташунок пам'ятника не був випадковим».

— Щось він мені не дуже подобається, — зауважила Олена. — Якийсь він малий і дивно сидить.

— Ти маєш сенс, — сказала я. — Цей пам'ятник не всім подобається. Деякі кияни називають його «чоловік з тортом».

— Дійсно, здається, що він торт тримає, — підхопив Джейсон.

— Це, звичайно, жарти, — завершила я полеміку. — Ярослав Мудрий, за задумом скульптора, тримає найбільше своє творіння — **Софійський собор**. Всього він побудував у Києві понад **400** церков, видав першу книгу законів, за що і був названий Мудрим, розгромив кочевників печенігів і розширив кордони країни до Карпатських гір, а також від Балтійського до Чорного моря. Період правління Ярослава Мудрого вважається часом розквіту Київської Русі. До того ж він одружував своїх дітей з впливовими монархами.

— Знову всі поженилися? — сказав Василь, посміхаючись у бік Мадіни і Аміри, які слухали з широко відкритими очима і не перебивали.

— Шлюбні зв'язки з правителями інших країн у ті часи були ознакою могутності правлячої династії, — зауважила я. — Ярослав Мудрий досяг у цьому великого успіху, за що його назвали «тестем Європи». Він сам був одружений з шведською принцесою, одна з його сестер вийшла заміж за польського короля, троє його синів одружилися з європейськими принцесами, а три дочки вийшли заміж за європейських королів, з них найбільш відома **Анна — королева Франції**.

— Я дивився про неї фільм, — сказав Влад. — Їй навіть пам'ятник у Франції поставили.

— Абсолютно вірно, — підтвердила я його слова. — На завершення хочу вам сказати, що незадовго до смерті Ярослав Мудрий пробував вирішити проблему боротьби нащадків за Київський престол, яка відбувалася кожного разу після смерті князя і послаблювала державу. Але йому це не вдалося. Про кінець періоду Київської Русі в історії України ми поговоримо на наступному уроці.

Yaroslav the Wise
Ярослав Мудрий

Яблуко розбрату

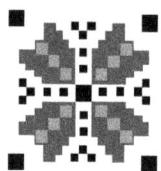

— Назва України з'явилася вже на початку XII століття, — почала я наступний урок. — До цього часу відносяться перші згадки про Україну як назву всієї землі далеко за межами Києва, зокрема в літописі 1187, де пишеться, що по смерті Київського князя «Україна багато тужила». Київ приблизно в той же час став найбільшим яблуком розбрату, тобто правителі ніяк не могли поділити його між собою.

— А чому це так сталося? — поцікавився Влад, який ніколи не пропускав нагоди поставити запитання.

— Навіть після того, як Київська Русь розпалась на самостійні князівства, Київ залишався найбільш розвинутою державою і великою спокусою, — зауважила я. — Після довгого періоду міжусобних війн всередині Київської Русі, **Володимир Мономах**, онук Ярослава Мудрого, зайняв київський престол. Він об'єднав розрізнені землі, захистив Київ від половців і поклав кінець суперечкам окремих князівств. Але після смерті сина Володимира Мономаха, який перебував деякий час на троні, конфлікти відновилися, особливо за право володіти Києвом. Український історик Стефан Томашівський підрахував, що за сто років з середини XII до середини XIII століття князі **47** разів правили у Києві, з них один сім разів займав престол, п'ять князів правили по три рази кожен, а вісім по два рази.

— А що більше не було де правити? — слушно запитав Денис. — Мало їм землі було?

— Я з тобою згодна, — сказала я, — навколо було чимало князівств і до того ж утворювались нові. Незважаючи на це один з князів Юрій Долгорукий, який вважається засновником Москви, так і не дочекавшись своєї черги на правління, вкотре напав на Київ, захопив його і залишився там правити, але кияни його не любили. Після недовгого правління, він був отруєний під час бенкету. Пізніше його син князь Андрій Боголюбський напав на Київ і жорстоко пограбував його, хоч у нього і було своє князівство.

— А потім Київ відбудували? — запитав Джейсон.

— На жаль, після того варварського розорення Київ так і не вдалося повністю відновити. Але найбільшої втрати Києву і всім князівствам нанесли **татаро-монголи**, які зруйнували Київ у **1240** році і захопили всю територію Київської Русі на довге століття. Тільки через сто років після татаро-монгольської навали відбулась історична битва на Синіх Водах на території нинішньої України. Це була перша переможна битва на українських землях після розпаду Київської Русі. Тоді від монголів було звільнено Київ, Чернігівщину, Поділля і всі землі аж до Чорного моря.

— А після того вже все було добре? — спитала Мадіна.

— На жаль, ні, – підсумувала я. — Після цього місто Київ і Україну неодноразово перетворювали на руїни іноземні загарбники. Це трапилось під час другої світової війни з фашистською Німеччиною, коли Україна втратила більше як 8 мільйонів населення. Через ці великі втрати Україна отримала право представництва в Організації Об'єднаних Націй.

— І зараз іде війна, — зітхнув Влад.

— Так, ми всі свідки цієї жорстокої і нічим не спровокованої війни, яка насправді почалася у 2014 році з російської окупації Криму і Донбасу. Повномасштабна війна розпочалася 24 лютого 2022 року, коли в Україну зайшли російські загарбники і підступили до Києва. Бої за Київ почалися зразу після вторгнення Росії до України. Ці бої велись на обох берегах Дніпра з набагато більшими силами загарбника у порівнянні 1 до 12. Збройні сили України захистили столицю України і завдали нищівної поразки російським військам. Російські війська вимушені були відступити, незважаючи на плани російського режиму, який світові країни визнали спонсором тероризму за його злочини на території України. Ви знаєте, що вже більше року триває війна в Україні. Вона спричинила великі страждання українському народу і викликала світову кризу біженців, коли мільйони людей вимушені були покинути свої домівки і шукати захисту в інших країнах. Але українці — сильний народ, який дуже любить свою Батьківщину і завжди повертається додому. Ваша подруга Оксана разом з матір'ю повернулася в Київ як і тисячі інших українців. Давайте підтримаємо її, як ми це вже робили наприкінці минулого року.

Я роздала дітям аркуші паперу і кольорові олівці, щоб вони могли передати їй вітання, і поки вони малювали, поставила запис вірша Василя Симоненка «Лебеді материнства» у виконанні автора. В класі пролунав безсмертний вірш поета як заповіт нинішнім і майбутнім поколінням українських дітей.

Можеш вибирати друзів і дружину,
Вибрати не можна тільки Батьківщину.
Можна вибрать друга і по духу брата,
Та не можна рідну матір вибирати.
За тобою завше будуть мандрувати
Очі материнські і білява хата.
І якщо впадеш ти на чужому полі,
Прийдуть з України верби і тополі.
Стануть над тобою, листям затріпочуть,
Тугою прощання душу залоскочуть.
Можна все на світі вибирати, сину,
Вибрати не можна тільки Батьківщину.

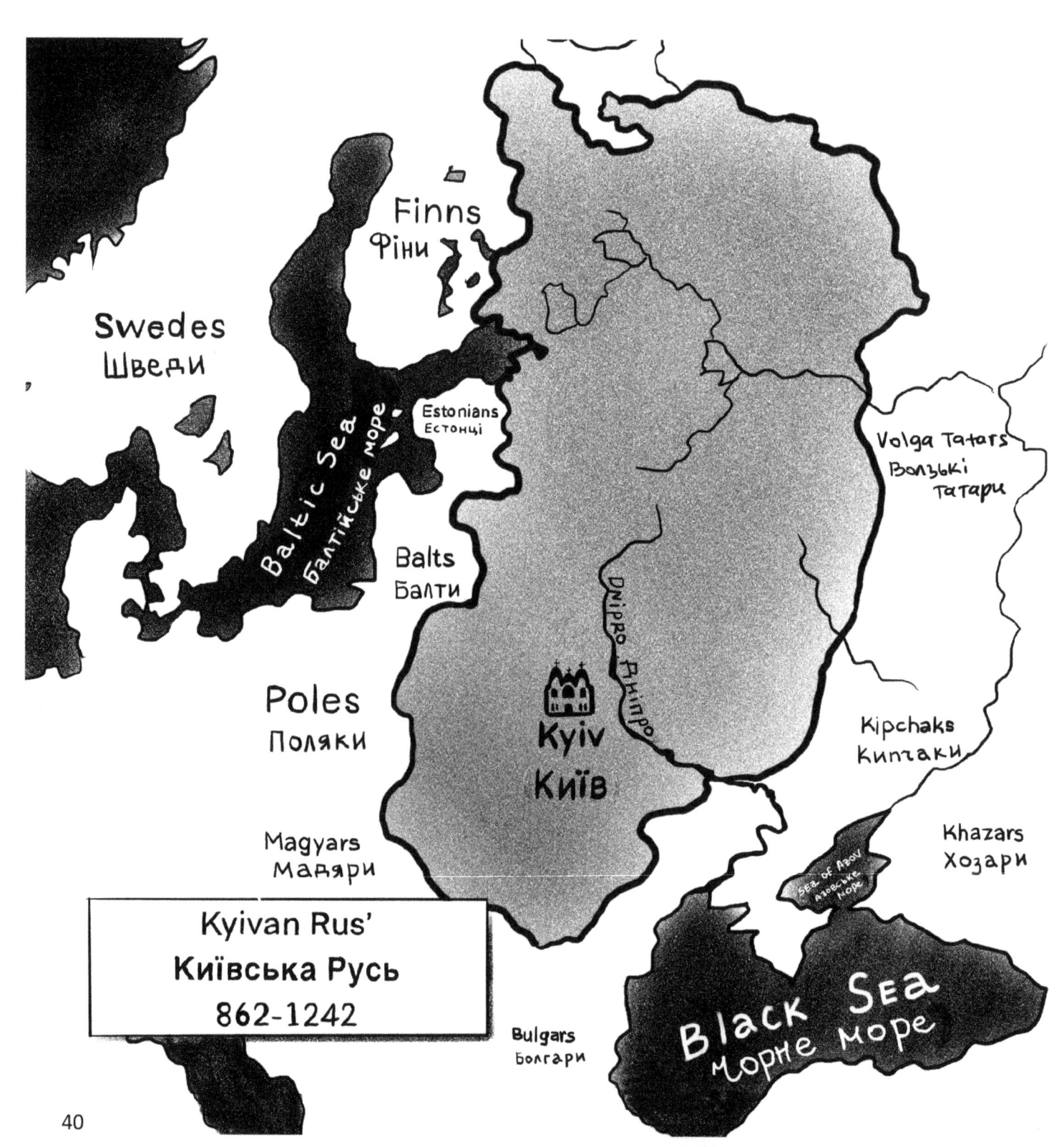

ЧАСТИНА ТРЕТЯ

Раз на золотому ґанку...

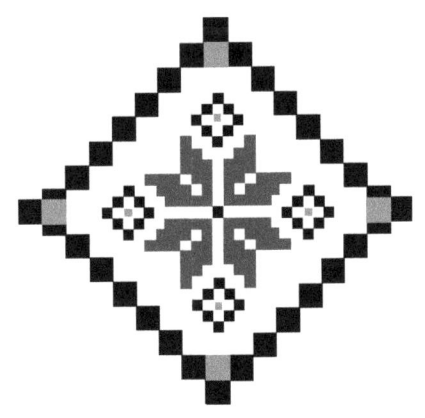

Проти годинникової стрілки

Наступний урок почався біля виходу із шкільного офісу, що був розташований поряд з кафе, де учні вечеряли перед початком класу. Я розмістила там на дошці стінгазету, в якій розповідалось про Україну і її культуру. Разом з дітьми ми розглянули український синьо-жовтий прапор, про який вони вже знали, що він символізує золоте пшеничне поле і синє безхмарне небо. Також там був зображений соняшник, який є національною квіткою України, і герб з тризубцем, що бере свій початок з родового знаку Київського князя Володимира Великого. Були там представлені і українські народні страви, з яких діти швидко назвали борщ та вареники.

— А що таке герб? — запитала Оленка.

— Я розповім вам про це в класі, — відповіла я, — крім того у нас є повідомлення від Оксани, які Влад хоче нам зачитати.

Я поспішила повести дітей до класу, щоб не заважати іншим групам учнів, які проходили коридором у свої класи. До того ж Денис і Василь вже почали штовхати один одного, а Джейсон сам попрямував до класу, не чекаючи на інших. Я гукнула його і поставила в стрій.

Урок ми почали з нагадування правил поведінки в коридорі і класі. В цьому традиційному ритуалі кожен брав участь, бо всі читали правила по черзі.

— Ви забули написати, що треба казати «будь ласка» і «дякую», — додала Мадіна, спрямувавши на мене свої великі широко відкриті очі.

— Вибач, я забула, давайте ще додамо казати «вибачте», — запропонувала я.

Дівчата вдячно посміхнулися.

— Тепер повернемось до запитання, яке поставила Оленка, — сказала я. — Що ж таке герб і герб України зокрема?

Я висипала на стіл українські монети, вартістю від гривні і менше, на зворотній стороні яких був відображений герб України, і дала дітям збільшувальні стекла. Діти з захопленням стали розглядати монети, а я продовжувала: «Гроші є найвпізнаванішим символом будь-якої держави. Саме тому на українських монетах зображений герб України. Герб — це своєрідний знак, в якому зашифрована історія і культура країни. Кожна країна має свій герб. Давайте роздивимось герб України. На монетах ви бачите тризуб, оточений вінком з листя і колосків пшениці, які мають символізувати багатство краю. Серед усіх гербів найуживанішим в історії України був **тризуб**. Він був державним знаком Київської Русі ще за часів Володимира Великого. Що він вам нагадує?»

Trident
Тризуб

— Корону, — вигукнув Влад.

— Зуб, — як завжди пожартував Василь, — три зуби, — підрахував він.

— Десь я з вами згодна, — підтвердила я, — єдиної думки, що собою являє цей знак — немає, але без сумніву, він є символом державної влади і має три частини. Число три завжди вважалося казковим, чарівним. В народних казках йдеться про трьох богатирів, три бажання, які виконують чарівники, три дороги, що лягають перед казковими героями. Отже, у тризубі відображено триєдність життя. Деякі фахівці знаходять в ньому зашифроване слово «воля», якщо уявити цей символ у вигляді літер.

Я показала учням на дошці як можна тризуб розбити на літери, щоб утворити слово «воля» і запропонувала кожному спробувати зробити те саме.

— Золотий тризуб на синьому фоні затверджений Верховною Радою України у 1991 році як державний знак — герб самостійної незалежної держави України, — продовжувала я. — Також символом державності і незалежності України є її прапор. Державні кольори – синій і жовтий — були затверджені ще в Конституції Української Народної Республіки у 1920 році. Жовтий як символ пшеничного поля і достатку, а синій як символ чистого неба, або води, без якої не дозріла б пшениця. І ще — це колір миру, якого, на жаль, немає в Україні, бо зараз триває війна і люди страждають.

— Що пише Оксана? — звернулась я до Влада.

— Різне, — відповів він і відкрив мобільний телефон, який він спеціально приніс у клас, щоб нам почитати її повідомлення, на що йому дала дозвіл Оксана. — Пише, що, нарешті, вони змогли навідатись у містечко, де раніше жили її бабуся з дідусем, які на початку війни виїхали в західну частину України. В їхній хаті жили окупанти.

«Вони залишили смітник», — зачитав Влад. — «Я була шокована тим, як вони засмітили те місце, де спали. Вони винесли з дому всі цінні речі. Мої бабуся з дідусем не мали часу зібратися, бо вони виїхали всього за день до російської окупації. Окупанти забрали пральну машину, телевізор, килим, навіть унітаз викрали».

— Який жах! — сказала Аміра. — Не можу уявити, щоб якісь чужі люди хазяйнували у нас дома, ще й пограбували.

— Пише, що повністю перейшла на українську мову, — продовжував Влад, — і її друзі також. Якщо хтось ще розмовляє російською з нею, вона відповідає українською, і згодом всі переходять на українську. «Коли у мене будуть діти, я хочу, щоб вони добре знали українську мову», — пише Оксана.

— Це саме те, що відбувається у нас в класі, — прокоментувала я, — я до всіх звертаюсь українською мовою і дякую тим, хто відповідає мені українською. Не бійтесь робити помилки, це цілком нормально.

— Пише, що завжди хотіла жити тільки в Києві, — зітхнув Влад. — «Тут так гарно і круто, чудові люди. Я народилась тут».

— Дякую, Владе, — сказала я. — Це чудово, що ви переписуєтесь і підтримуєте один одного.

— Дякую, — сказали Мадіна та Аміра.

Всі діти подякували Владу і передали привіт Оксані.

— Чи знаєте ви, що існують годинники, в яких стрілки рухаються проти годинникової стрілки? — запитала я клас.

— Як це? — поцікавився Джейсон.

— Дуже просто, — пояснила я. — Традиційний напрямок годинникової стрілки співпадає з напрямком руху тіні сонця у північній кулі Землі, тобто зліва направо, але є годинники, в яких стрілки рухаються у протилежному напрямку, тобто справа наліво.

— Не може бути, — заперечив Джейсон.

Я витягла з сумки настінний годинник, що принесла з дому, і показала його учням. Вони з подивом спостерігали за червоною секундною стрілкою годинника, яка рухалась у зворотньому напрямку.

— І як ви знаєте, який зараз час? — здивовано звела чорні, начебто намальовані, брови Аміра.

— Я не перевіряю час по цьому годиннику, — відповіла я. — Я знаю, що час рухається вперед і дивлюсь на годинники, які показують правильний час.

— А для чого ви нам показуєте цей годинник? — запитав Денис.

— Я принесла його для наочності, — сказала я, — бо це стосується теми нашого сьогоднішнього уроку. Справа в тому, що деякі люди і навіть цілі народи намагаються повернути розвиток історії у зворотному напрямку і переконати цілий світ, що це нормально. На жаль, багато хто їм вірить. Особливо з тих, хто ніколи не бачив перевернутого годинника, а тільки вірить їхнім словам. Ви тільки що впевнились, що неможливо звіряти час, коли годинник рухається у протилежному напрямку.

Учні почали розглядати настінний годинник уважніше і пробувати визначити час, але у них нічого не виходило.

— Майже тисячу років тому татаро-монгольський **хан Батий**, онук Чингізхана, що створив могутню імперію на схід від ріки Волга, зібрав велике військо і рушив на захід завойовувати нові землі, — почала я розповідь, поки діти розглядали дивовижний пристрій. — У 1240 році його численне військо підійшло до Києва. Жителі Києва відмовились здаватись, тоді Батий зруйнував кам'яні стіни міста, возведенні ще за часів Ярослава Мудрого. Мешканці Києва сховались всередині Десятинної Церкви, першої церкви, яку побудував Володимир Великий після хрещення, але там було так багато людей, що споруда не витримала і завалилася, поховавши під собою майже всіх людей. Коли татаро-монголи зайшли в Київ, вони грабували церкви, палили будинки і вбивали людей, які ще там залишились. Вони брали кількістю і жорстокістю, знищували все і залишали після себе пустелю. Київська Русь як держава була знищена. Люди, які населяли ці землі, втікали на захід, так само як і за сучасної війни, яка спричинила найбільшу з часів другої світової війни хвилю біженців. Більше 8 мільйонів людей виїхали з України за останній рік, переважно жінки та діти. Російська влада не приховує своєї мети перетворити Україну на пустелю і повернути країну у середні віки, руйнуючи все на своєму шляху.

— І чому це досі трапляється? — спитала Мадіна.

— Людство пройшло великий шлях за віки, які відділяють нас від жорстокого середньовіччя, — відповіла я. — Лідери світових країн навчились домовлятися, підписувати міжнародні угоди і визнавати кордони сусідніх держав, але не всі країни поводять себе цивілізовано.

— Наприклад, у 1994 році була підписана угода, яка мала назву **будапештського меморандуму**, — продовжила я. — Росія, Англія і Сполучені Штати Америки домовились про міжнародне визнання кордонів України, яка добровільно відмовилась від третього у світі за розміром запасу ядерної зброї. Проте Росія порушила свої зобов'язання і почала жорстоку війну, спрямовану на окупацію українських земель і знищення українців. Напевно вони там користуються годинниками, які показують зворотній час. Інакше я не можу собі пояснити їх злочини.

— Але Англія і Америка допомагають зараз Україні, — зауважив Влад.

— Так само як і багато інших країн, — додала я.

Наприкінці уроку ми вчили слова Державного Гімну України. Залунали дитячі голоси:

> Ще не вмерла України ні слава, ні воля,
> Ще нам, браття молодії, усміхнеться доля.
> Згинуть наші вороженьки, як роса на сонці,
> Запануєм і ми, браття, у своїй сторонці.
>
> Душу й тіло ми положим за нашу свободу,
> І покажем, що ми, браття, козацького роду.

— Слова гімну були написані ще у 1862 році Павлом Чубинським і покладені на музику Михайлом Вербицьким, — розповіла я учням. — У часи радянської влади співати гімн було заборонено і його співали таємно. Але коли у 1991 році Україна оголосила **незалежність** від Радянського Союзу, гімн знову повернувся до життя і залунав на весь голос. Тепер це офіційний Гімн України.

Данило — Король Рутенії

Коли в черговий раз я шикувала учнів перед тим, як вести їх до класу, Денис і Василь знову затіяли суперечку через те, хто буде першим. Я згадала дитячу лічилочку і запропонувала дітям вирішити суперечку за допомогою нескладної гри:

>Раз на золотому ґанку
>Сіли пані та служанки,
>Цар, цариця і царевич
>І король, і королевич,
>Шевчик, кравчик, садівник.
>Обирай, ким будеш з них?
>Не затримуй, обирай,
>Добрим людям називай!

— Цар, — не вагаючись сказав Василь, бо це, мабуть, було перше слово, яке він запам'ятав.
— А хто більш важливий? — запитав Денис. — Цар чи король?
— Я думаю, що однаково, — помирила я їх. — Так по-різному називали верховних правителів країн у середні віки. Царів вже немає, а королі ще й досі є в деяких країнах Європи, хоч вони вже не такі важливі, як були раніше.
— А в Україні був король? — не вгамовувався Денис.
— Так, був. Я якраз сьогодні збираюсь вам про нього розповісти, — сказала я. — Вибирай ким ти будеш, і ми підемо в клас.
— Я буду королем, — гордовито заявив Денис.
Ми порахувались і королю таки випало бути лінійним лідером та вести групу до класу, чим Денис дуже пишався.
— Сьогодні ми з вами поговоримо про захід України, куди через татаро-монгольську навалу, яка захопила Київську Русь і привела до її занепаду, переселилось більшість населення України, — почала я урок. — Від Київської Русі на території України залишилося два князівства — **Галицьке** і **Волинське**, якими правили князь, а згодом **король Данило** та його молодший брат Василь.

— Його звали так само як мене! — голосно вигукнув Василь.

— Нічого дивного. Це давнє українське ім'я, яке перейшло в українську мову з грецької і означає «цар» або «царський», — пояснила я.

— Оце так новина! — здивувався Василь. — То я таки цар!

Всі засміялися.

— Так, — продовжувала я. — Данило віддав своєму брату Василю Волинське князівство, а сам правив на Галичині. Була у нього і зведена сестра Олена, — додала я, а всі подивилися на нашу Оленку. — На жаль у неї з братами не були дуже добрі стосунки. Вона вважала, що її зведені брати не мають права на спадщину їх батька Романа і постійно конфліктувала з ними.

— А Чернівці тоді були? — запитала Оленка. — Ми звідти приїхали.

— Так, — відповіла я. — Чернівці знаходяться на території колишнього Галицького князівства.

Добре, що я принесла кольорову карту західної частини України, на якій були позначені всі основні міста. Я показала цю карту учням.

— Дивіться, тут є Чернівці, Тернопіль, Івано-Франківськ, — показала я на карті. — Але найбільше місто — це Львів. **Львів** заснував король Данило у **1256** році і назвав його на честь свого сина Лева. Чернівці були засновані набагато раніше князем Ярославом, представником дому галицьких правителів. Оскільки сьогодні ми з вами говоримо про Данила Галицького і як він став королем, то я вам покажу міста, в яких встановлені йому пам'ятники.

Я показала учням роздруковані з комп'ютера пам'ятники Данилу Романовичу в Галичі, Львові, Тернополі та інших містах України.

— Бачите, — сказала я, — на всіх пам'ятниках він зображений як воїн, піднятий на стременах, у військовому спорядженні. Таким його запам'ятали в народі.

— Видно, що його дуже там поважають, — замітив Влад.

— І не безпідставно, — зазначила я. — Татаро-монгольське військо зупинилось на кордоні Галицького князівства. Велику роль у цьому відіграв сам князь Данило Галицький. Коли монгольський воєначальник наказав йому здати столицю Галичини, він поїхав до хана Батия в його столицю, яка називалася Сарай і була розташована на Волзі. Подорож ця була принизливою, але вдалою. Хан Батий дав йому ярлик — право на правління, але при цьому наказав йому випити кубок кислого кумису.

— А що це таке? — запитав Джейсон.

— Це улюблений напій монголо-татар, який вони робили з молока кобил, — пояснила я.

— І що? Він випив? — скривився Джейсон.

— Певна річ, випив, — сказала я. — Літописець так це описує: "Ти п'єш чорне молоко, наш напій, кобилячий кумис?" — запитав його хан. — "Я ніколи його не пив. Але якщо ти накажеш, я мушу випити", — відповів Данило». Цим самим він виказав повагу до хана і був прийнятий до їхньої знаті.

— Не знаю, чи я б випив, — поділився Влад. — У мене взагалі алергія на молоко.

— А я не їм м'яса, — додала Аміра. — Я чула, що вони коней їли.

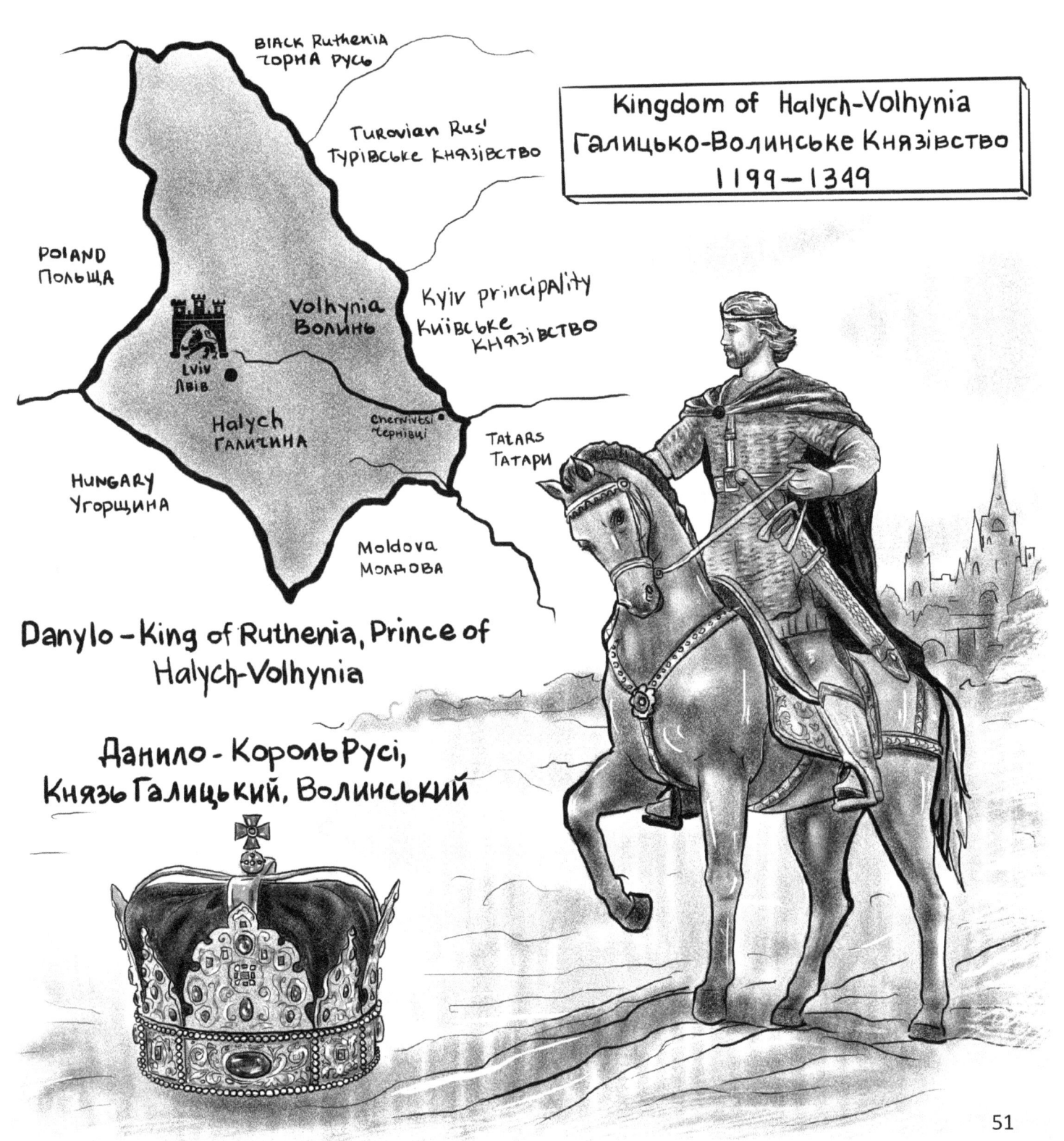

— Данило мусив прийняти їх умови, щоб зберегти народ і князівство, — завершила я дискусію. — Але він не скорився хану. Повернувшись у Галицію, він звернувся до Папи Римського, щоб той допоміг йому створити союз з іншими європейськими державами проти татаро-монголів. Папа погодився, а в знак схильності надіслав йому королівську корону і надав йому титул **Короля Русі** чи Короля Рутенії. Це латинська назва русинів, як тоді називали українців.

— Розкажіть нам, як король Данило подолав татаро-монголів, — попросив Денис.

— Боротьбі з татаро-монголами король Данило присвятив все своє життя. Йому не вдалося створити коаліцію з європейськими країнами і він сам розпочав військовий похід, але, незважаючи на перші успіхи, він потерпів невдачу і знову підкорився під владу сильнішого ворога. Його справу продовжили його син Лев і онук Юрій, які також успадкували титул королів. Останніми представниками цієї династії були його правнуки Андрій і Лев, які обидва загинули у битві з татаро-монголами у 1303 році. Протягом ста років після занепаду Київської Русі, Галицько-Волинське королівство було опорою української державності і зберегло українців, або русинів, як їх тоді називали, як націю.

— Русини — якось незвично звучить, тим більше рутенці, — розмірковував вголос Василь.

— **Рутенці** — це латинська назва русинів. Ця назва так само як і назва роксолани вживалася в ті часи на найменування українців, — пояснила я. — Це все слова-синоніми на означення народів, які проживали на території сучасної України і Білорусії. Деякі нащадки русинів, що живуть у різних країнах Європи, досі себе так називають. Згодом території України і Білорусії були розділені і кожен з цих народів пішов своїм історичним шляхом, але ми маємо багато спільного у мові і культурі. Українці завжди були особливою нацією зі своїми культурними традиціями, мовними ознаками, які посилювалися з піднесенням народної свідомості, та ставленням до свободи. Тому їх і намагалися якось виділити серед інших народів, у тому числі і назвою. Але сам народ вибрав собі назву українці. Цей народний вибір закріплений у багатьох народних піснях, думах і історичних документах.

— Тепер зрозуміло, — сказав Влад. — Це тому білоруси не хочуть приймати участь у війні проти українців? А росіяни де були?

— Я вам вже якось казала, що назва Росія і відповідно їй назва народу — росіяни, з'явилася значно пізніше від тих історичних подій, які ми з вами вивчаємо. Офіційно назва була закріплена в 1721 році в наказі Петра І, який проголосив Московське царство Російською імперією, а московитів — росіянами.

— А там були татаро-монголи? — запитала Оленка.

— Так, були, до того ж набагато довше. Тому вони мали значно більший вплив на розвиток народу там, ніж на українських землях. Цим також пояснюється велика різниця між нашими народами у складі мислення і національного характеру.

На завершення я показала учням герб Львова, де на синьому щиті зображені міські ворота з трьома вежами, а в арці стоїть золотий лев. Закінчила я урок розмальовками левів, зазначивши, що у Львові, який заснував король Данило і в якому встановлений йому пам'ятник, налічується понад 4,000 різноманітних зображень левів.

Україна на карті Європи

Наступний урок почався з розмальовок **битви на Синіх Водах** і розповіді про те, як Україна звільнилась від Золотої Орди. Поки учні займались розмальовками із зображенням кінноти, озброєної мечами та списами, та піхотинців-арбалетників, я почала розповідь про цю історичну подію: «У другій половині XIV століття відбулась історична битва об'єднаного литовсько-русинського війська, до складу якого входили українські, литовські і білоруські воїни. Ця битва була на березі річки Сині Води, тому вона так і називається. Завдяки цій битві був звільнений Київ і українські землі від татаро-монголів. На чолі війська був литовській князь Ольгерд. Новим князем Києва став син Ольгерда — Володимир, а Велике князівство Литовське перетворилося на найбільшу державу Європи, влада якої поширилась на всі білоруські та більшу частину українських земель аж до причорномор'я».

— То знову відновили Київську Русь? — запитав Денис.

— Ні, другої Київської Русі в історії не було, — відповіла я. — До того ж Галичина підпала під владу Польщі, бо це князівство залишилося без верховних правителів, а союзники монголів — татари, які населяли узбережжя Чорного моря, створили своє ханство в Криму. Згодом вони перейшли під владу турецького султана і здійснювали набіги на українські землі, захоплювали невільників та продавали їх на ринках Кафи і Стамбула. Це була велика небезпека для людей, які жили в степах України, бо широкі простори степів не мали ні лісів, ні гір, де можна було б сховатися від набігів.

— Так саме про це я дивився фільм «Роксолана»? — запитав Влад.

— Так, українцям прийшлось скрутно навіть після перемоги над татаро-монголами, — зауважила я.

— Білорусам пощастило більше. По-перше, у них не було стільки ворогів, як у українців, а по-друге, у другій половині XVI століття відбулась так звана Люблінська унія, тобто договір між Литвою і Польщею. За цим договором всі землі нинішньої Білорусії відійшли до Литви, яка схильно ставилася до русинів, а до Польської корони повідходили майже всі українські землі. Так історично розділилися український та білоруський народи. Тому незважаючи на те, що у нас багато спільного, ми не однакові. Приєднання до Польщі поклало початок визвольній боротьбі українського народу проти польського поневолення, яка тривала аж до XX століття. Це сприяло тому, що протягом століть українці зберегли свою національну особистість.

— А чого вони ворогували? — спитала Оленка.

— Там було багато незлагоди, наприклад, у питаннях віросповідання, бо поляки були католиками, у той час як українці були православними. Також на письмі поляки використовували латиницю, а українці кирилицю. Українці намагались зберегти свої національні і культурні традиції. Вони не хотіли коритися чужій нації з іншою релігією і культурою. До того ж польська знать зневажливо ставилася до українців, особливо до простих людей, які складали майже 80% населення України.

— Але тепер ми друзі, — сказав Влад. — Вони нам допомагають зброєю і гуманітаркою. Приймають біженців.

— Я повністю з тобою згодна, тепер ми друзі, — підтвердила я. — Кожен народ має вивчити свої історичні уроки і більше не повторювати помилок. До речі, збідніли селяни, або ті, які не витримували важкої праці на панів, тікали в степи на Дніпрі, які в той час були малозаселені. Це були широкі рівнинні покриті травами простори колишньої Київської Русі. Вільні люди вважали ці степи своєю відокремленою землею, що успадкувала назву Україна, а біглі селяни стали називатися козаками. Саме там утворювались збройні загони, які захищали населення від набігів татар. Так утворилась Запорізька Січ, про яку ми будемо говорити наступного разу.

— Я чув, що назва Україна походить від слова «окраїна», — сказав Влад. — То це правда?

— В українській мові немає слова «окраїна», — зауважила я. — Є слово околиця. *Окраина* — це російське слово, тому логічно думати, що це російська версія назви, а не українська. Ця версія свідомо широко поширювалась у минулому столітті, щоб зменшити значення українського народу. Натомість в українській мові є такі слова як край у значенні рідна земля, або країна — також у значенні земля або територія. Таке пояснення назви Україна більше відповідає історичній реальності.

— А чого українці не могли звільнитись від поляків? — запитав Джейсон.

— Українці ніколи не припиняли визвольної боротьби. Вони мусили боротися за своє існування як нації, — відповіла я. — Найбільше повстання було під проводом простого селянина, якого звали Муха. Воно охопило Молдову, Буковину і Галичину. Але всі спроби звільнитися закінчувались поразкою аж до повстання полководця козаків Богдана Хмельницького, який звільнив український народ від польського панування. Незважаючи на те, що українські землі були під владою Польщі, у 1590 році була надрукована карта, на якій вперше з'явилась назва Україна, яка вже використовувалась в ті часи і набула найбільшого поширення за часів козацької держави Гетьманщини, але це тема нашого наступного уроку.

Я запропонувала учням розглянути сучасну карту України і сказати на що вона схожа: явище природи, предмет, або тварину.

— Мені карта нагадує якогось птаха, який біжить на двох лапах, — сказав Василь.

— А мені хмаринку, — сказала Оленка.

— А тепер я дам вам малюнки, серед яких треба вибрати ті, які символізують Україну, або з нею пов'язані. Розфарбуйте їх і з'єднайте лініями з картою України.

На моє задоволення діти знайшли всі українські символи, які ми вивчали: тризуб, писанку, вишиванку, Софійський Собор та інші, а також з'єднали їх з картою незалежної України.

«Моя праця — не даремна», — подумала я перед тим, як закінчити урок.

Козацька держава

Одного дня я завела учнів в клас і вже почала відмічати присутніх у журналі, як у кімнату залетів Влад.

— Де ти був? — схвильовано запитала я. — Я не бачила тебе в кафе.

— Був зайнятий, — відповів Влад, задоволено посміхаючись. — Тільки що отримав повідомлення від Оксани. Вам цікаво?

— Звичайно, розповідай, — я запросила його за стіл, де стукотіли стільцями і розсаджувались інші учні.

Коли всі вгамувалися, я звернулася до Влада і сказала: «Наш урок сьогодні почнеться з повідомлення від Оксани. Вона прислала його з Києва».

Всі притихли і приготувалися слухати.

— Батько Оксани, нарешті, приїхав у відпустку з фронту. Він був на фронті шість місяців, — гордо заявив Влад, ніби це був його батько. — Він вже головний сержант і командир мінометного загону. Його нагородили орденом за мужність третього ступеня за заслуги перед Вітчизною. Оксана дуже сумувала за батьком і не хотіла його знову відпускати, але він сказав, що повинен повернутися, щоб наблизити перемогу і щоб вона жила у вільній демократичній державі.

— Я дуже рада за Оксану і за її батька, яким вона може пишатися, — сказала я.

Потім я знайшла в інтернеті як виглядає орден за мужність третього ступеня і показала його учням.

— Дивіться, — сказала я, — орден має форму хреста. На ньому розміщений круглий медальйон із зображенням Державного Герба України і написано «За мужність». Цю нагороду отримали вже більше як шість тисяч військових, а також пес-сапер Патрон, який не тільки допомагає знешкоджувати міни, але «ще й допомагає навчати наших дітей необхідних правил безпеки на території, де є така мінна загроза», — сказав президент, коли вручав нагороду його власнику.

Ми подивись відео, як президент Зеленський вручав цю нагороду власнику Патрона, а потім я продовжила урок.

– Дійсно, козацькому роду немає переводу, — сказала я. — А які приказки та прислів'я про козаків ви чули?

— Терпи козак, отаманом будеш, — сказав Денис. — Чув від батька.

— То не козак, що не думає отаманом бути, — підтвердив Василь.

— Де козак, там і слава. Або волю добути, або дома не бути, — додала я.

— Не журись козаче, нехай ворог плаче!

— Степ та воля козацька доля, — вишукав Влад в інтернеті. — Тут багато. Читати?

— Іншим разом почитаємо, — зупинила я наших козаків. — Зараз я хочу вам дати розмальовки на козацьку тематику і розповісти коли і як утворилась козацька держава.

Я роздала розмальовки і кольорові олівці.

— Перша **Запорізька Січ** утворилася у **XVI** столітті на дніпровському острові Томаківка, — почала я свою розповідь. — «Тумак» в перекладі з татарського означає «шапка». І дійсно, цей острів нагадує шапку. В давнину він був покритий густим лісом і оточений з усіх боків річками, які впадають у Дніпро. У такому місці легко було сховатися. Українці, поляки, литовці, білоруси та інші вільні люди приєдналися до січі. З самого початку це була козацька демократична республіка і це у той час, коли в європейських країнах була монархія і країнами правили королі. Козаки самі вибирали гетьмана і всіх військових командирів. У них була Січова Рада, на якій вирішували всі питання. На раді кожний козак міг висловити свою думку. Була загальна військова скарбниця і символи козацької влади такі як булава та печатка. На печатці був зображений козак з мушкетом, тобто старовинною рушницею, якою користувалися в ті часи. Деякі з цих символів козацької влади збереглися до цього часу як символи президентського правління.

Я показала дітям зображені на малюнку ці символи влади і їм найбільше всього сподобалась булава.

— Перша Запорізька Січ була зруйнована татарами, але це не зупинило козаків. Вони продовжували утворювати свої загони і захищати населення від набігів татар. Через деякий час Запорізька Січ перетворилася у спроможну військову силу, з якою вимушені були рахуватися навіть верховні правителі країн. Так польський король запросив козаків на військову службу і обіцяв розширити їхні права. Козаки приймали участь у численних військових битвах. Однак польський уряд не виконав своїх обіцянок. До того ж польські магнати привласнювали українські землі і знущалися над народом. Тоді українські козаки розпочали народні повстання, які польський уряд жорстоко придушував.

Я показала учням портрет одного з найвідоміших керівників козацького повстання гетьмана

Северина Наливайка, намальований у наші часи.

— Який гарний і мужній! — захоплено сказана Мадіна.

— На жаль, прижиттєвих зображень Наливайка не збереглось, але збереглись свідчення, що він був дуже гарним. Його порівнюють із гладіатором Спартаком, який був керівником повстання рабів у Римській імперії.

— У мене вдома є книга коміксів про Спартака, — додав Джейсон.

— Северин Наливайко, як і Спартак, герой багатьох народних легенд і літературних творів. Великий український поет Тарас Шевченко так описує його обрання на посаду гетьмана:

                Гармата заревла,
               І бунчугами вкрили
              Преславного запорожця
             Павла Кравченка-Наливайка.

— А що таке бунчуг? — спитала Оленка.
— Бунчуг або бунчук — це символ гетьманської влади, булава з металевою кулькою на кінці, прикрашена мітелкою з кінського волосу. Ми з вами розглядали цей символ на малюнку. А вкрили тут вживається в значенні вручили.
— А хто такий гетьман? — запитав Джейсон.
— **Гетьман**, — пояснила я, — це вищий воєначальник і правитель козацької держави, яка називалась **Гетьманщина**. Гетьмана вибирали на посаду кожного року на козацькій раді всім народом.
— Так само як президента? — здивувався Влад.
— Так само, — підтвердила я, — бо Гетьманщина була демократичною державою.
— А чого Шевченко називає Наливайка Павлом? Ви казали, що його звали Северин, — спитав Денис.
— Я думаю, що це літературний твір, а автор має право на будь-які зміни. Тарас Шевченко був дуже добре знайомий з козацьким минулим і оспівував його в багатьох своїх творах. Народна пам'ять зберегла чимало прикладів боротьби українських козаків з поляками, але було і так, що вони діяли разом проти спільних ворогів, таких як татари і турки. Найбільш відома з них Хотинська битва на чолі з Петром Сагайдачним. Вона завершилась перемогою над турецьким військом. Тоді було визволено з неволі кілька тисяч невільників, яких галерами вивезли через Дніпро. У 1618 році військо Сагайдачного навіть дійшло до Москви і тримало в облозі це місто декілька місяців, поки не був підписаний мирний договір з Річчю Посполитою, як тоді називалась Польща.
— Оце так новина! — вигукнув Василь. — Ніколи не чув про таке!
— Багато фактів нашої історії приховувалось, але пам'ять про цей героїчний період нашої країни назавжди залишилася в народі. Саме тоді був покладений початок цілим поколінням незламних героїв, нащадки яких і тепер захищають нашу свободу і незалежність. Тому український народ покладає свою надію на мужніх воїнів і вірить у перемогу. Світ змінився. Тепер у нас більше друзів, ніж ворогів. Це також надихає на перемогу. Понад 90% українців підтримують боротьбу до перемоги над Росією. Абсолютна більшість українців вірять у Збройні сили України і дивляться у своє майбутнє та майбутнє України з надією.
— І я вірю в перемогу України, — сказав Влад.
— І я, і я, — гучно підтримали його інші учні.
— Ми всі віримо в перемогу України і її світле майбутнє, — підтримала я учнів. — Давайте закінчимо нашу подорож в історію України яскравими аплікаціями про те, як ви собі уявляєте майбутнє України. Ми зробимо аплікації з фотографій, які надруковані в нашому місцевому україномовному журналі, і виставимо їх у нашій шкільній стінгазеті.
Я поклала на стіл примірники журналу і запропонувала учням на вибір жовті, сині та білі аркуші паперу, а також ножиці і клей. Поки учні візуалізували майбутнє України, я прочитала їм свій вірш про те, як я уявляю собі майбутнє відважної країни, яка пройшла через багато труднощів і не здалась.

Дивлюсь на милу Україну
І намальовую собі
Її квітучу і єдину,
Як вишню в білому вбрані.

Там гори, ріки і долини,
Без міри сонця і землі,
Там від старого до дитини
Обличчям світяться усі.

Дівчата водять хороводи,
А хлопці дивляться на них.
Бажаю я добра і згоди,
Любуючись на молодих.

Привітні люди і щасливі
В такій землі повинні жити,
І ангел з неба білокрилий
Летить її благословити.

Я про таку країну мрію,
Таку країну я люблю.
Дивлюсь, радію, серцем млію
І на віки благословлю!

Від автора

Подорож до Львова

На вихідних я відвідала благодійний захід зі збору коштів для закупівлі невідкладної медичної допомоги для українських захисників. Я була там разом з різноманітною аудиторією, яка прийшла у містку приватну художню галерею, де американський благодійник і власник галереї організував віртуальну зустріч з художниками, які живуть у Львові. Вони розповідали як важко і відповідально бути художником під час війни.

— Ми начебто повернулись у ті часи, коли не було електрики та інтернету, — сказала одна молода художниця. — Світло відключають тричі на добу, інтернет не завжди працює, до того ж навіть серед ночі нас будять вибухи ракет, які випускає на нас російський агресор. Однак я кожного дня малюю і це дає мені сили не відчувати себе жертвою та вірити у перемогу. Я малюю не тільки людей в реальних обставинах війни, але і тварин. Нещодавно один західний колекціонер купив у мене малюнок собаки, який втратив свою родину після бомбування одного з населених місць, а також залишився без лапи. Я намалювала його для того, щоб допомогти йому знайти нових хазяїв.

— Я також малюю кожного дня, незалежно від того чи є електрика, — поділився інший молодий талановитий художник. — Я не спроможний малювати людей, які можуть загинути у будь-який момент, тому вдаюся до алегорій або до міфології. Я прагну засобами мистецтва розповісти світу про те, що відбувається зараз в Україні і викликати розуміння та співчуття.

Під час цієї недовгої зустрічі декілька разів відключався інтернет і ми чекали на того чи іншого художника, щоб він чи вона знову повернулися до студії. Після зустрічі ми дивились відео про те, як один з них, гуляючи вулицями Львова, проходив вздовж історичних будинків і заходив у художні галереї міста.

Я згадала, як ще в студентські часи я приїхала до Львова, щоб взяти участь у літературній олімпіаді від свого південного університету. Ніякого призового місця я не зайняла, але на все життя запам'ятала затишні маленькі кав'ярні, де ми проводили час невеликою молодіжною компанією.

Одного разу я сиділа сама на лавці у парку перед університетом біля пам'ятника видатному поету Івану Франку і переглядала книгу, очікуючи чергового туру олімпіади. Було морозно, але тихо. Дерева ще не прокинулись від зимової сплячки і стояли оголені та мовчазні. Поряд зі мною сів маленького росту літній чоловік у чорному шкіряному картузі і завеликому для нього довгому демісезонному пальті.

До нього зразу підскочило невелике білченя з рудими плямами на шерсті і гнучким пухнастим хвостом. Тваринка мала довгі вуха у вигляді трикутника з китицями на кінці.

— *Какая красивая белочка!* — із захопленням сказала я.

— Я бачу, що ви приїжджа, — зауважив літній чоловік і повернув до мене своє сухорляве обличчя з гострим носом. Білочка їла з його руки горішки, які він виймав з кишені і навіть не поворохнулась. — Ми називаємо їх вивірки.

— Вивірка? — здивувалась я і перейшла на українську мову. — Ніколи не чула такої назви. А чому ви їх так називаєте?

— Ця назва дуже давня, набагато давніша за назву «білка» і трапляється ще в літописних текстах, — поділився він. — А чого так називається, я не знаю. Думаю, що тваринку назвали вивіркою тому, що вона вертка. Цю вивірку я знаю з народження і кожного дня приходжу в парк її годувати. Нічого, що я з вами розмовляю українською мовою? — несподівано додав він.

— Що ви, — заперечила я. — У вас дуже гарна українська мова. Я сама вивчаю українську мову, але ще не дуже добре розмовляю. Ось приїхала на олімпіаду з української літератури у ваш університет.

Він схвально захитав головою, повільно піднявся і, продовжуючи привітно посміхатися, попрямував на вихід з парку. Вивірка ухопила останній горішок і пострибала на дерево.

Тоді я не надала особливого значення його словам, але запам'ятала їх назавжди. Це був черговий внесок у скарбницю моєї національної свідомості, яку я плекала ще з дитинства. Кожного разу, коли я читала про видатних українських митців, які були вбиті, або заморбовані за радянських часів за свою любов до рідної землі, я згадувала цього обережного літнього чоловіка з вимушеною посмішкою і сумними очима, який багато бачив, але не все міг розповісти.

Це було на початку 80-х років минулого століття. Ми жили в інформаційному вакуумі. Я нічого не знала про розпочату війну в Афганістані, якою радянська влада намагалась прикрити свої політичні провали. Не знала про те, що мого двоюрідного діда, нащадка славного козацького роду, Петра Шелеста зняли з керівної урядової посади і відправили на пенсію за його книгу «Україно наша Радянська», в якій він з великою любов'ю писав про минуле України, українське козацтво і Запорізьку Січ.

Я тоді не могла знати про те, що через десять років буде проголошена незалежність України, незалежність, до якої український народ йшов багато віків. Історія не знає зворотнього часу, але ніщо не заважає нам подивитися на нашу історію з боку сучасності і розповісти її нашим дітям для того, щоб вони знали правду, пишалися нашим минулим і вірили в майбутнє нашого героїчного народу!

Примітки

Список провідних джерел

Орест Субтельний. Україна: історія. Київ, 1993.

Сергій Плохій. Брама Європи: історія України від скіфських воєн до незалежності. Харків, 2016.

Анатолій Драган. Велика книга України: цікаві історії, історія України та незвичайні факти про Україну. США, 2022.

Олена Харченко та *Michael Sampson.* Розповідь про Україну, Dallas/New York, 2022.

KeriAnne Jelinek. My Country Ukraine. Pennsylvania, USA, 2022.

Тарас Шевченко. Кобзар. Київ, 1956.

Василь Симоненко. Тиша і грім. Київ, 1962.

Євгенія Чак. З біографії слова. Київ, 1976.

«Київ». Комплект з 15 кольорових листівок. Видавництво «Преса України». Київ, 1998.

Назви українських місяців з поясненнями

СІЧЕНЬ — назва походить від старослов'янського слова «сікти». В цей місяць наші предки починали готувати землю для посіву і сікти ліс або кущі.

ЛЮТИЙ — слово слов'янське, означає «злий», «жорстокий». Назва його походить від лютих морозів, які бувають саме у цей час.

БЕРЕЗЕНЬ — перший місяць весни. Його назва пов'язана з розвиванням у цей час берези та збиранням її соку. У деяких говірках цей місяць називають сочнем або соковиком, що також пояснюється збиранням соку берези.

КВІТЕНЬ називають в народі також цвітень, бо саме в цей час природа «прокидається» від сну, починається пора цвітіння рослин.

ТРАВЕНЬ — останній місяць весни і означає «місяць буйного розвитку трави».

ЧЕРВЕНЬ — шостий місяць року і перший місяць літа. Він так називається, бо в цей час з'являються особливі черв'яки, або червці, з яких раніше виготовляли червону фарбу для тканин.

ЛИПЕНЬ має легко зрозуміле пояснення. Назва цього місяця походить від слова липець (липовий мед). В цю пору цвітуть липи та збирають лікувальний липовий мед.

СЕРПЕНЬ утворений від слова серп – знаряддя, за допомогою якого раніше збирали зернові культури.

ВЕРЕСЕНЬ — перший місяць осені. Це місяць найбільшого цвітіння вересу, рослини з дуже маленькими фіолетовими квіточками, з яких бджоли збирають цінний вересовий мед. Назва цього місяця прийшла з Полісся.

ЖОВТЕНЬ — час, коли листя починає жовтіти.

ЛИСТОПАД — назва цього місяця зв'язана з опаданням листя з дерев у цей час.

ГРУДЕНЬ — останній місяць року. Назва місяця пов'язана з тим, що після осінніх дощів мокра земля замерзає і стає грудкуватою. В деяких говірках цей місяць називають студень, що означає холодний.

Коли і ким засновані українські міста за ствердженням істориків

Київ 482 Князь Кий
Чернігів 690 Князь Чорний
Житомир 884 Дружинник Житомир
Ужгород 893 Князь Лаборець
Луцьк 1000 Король Володимир Великий
Чернівці 1185 Князь Ярослав Осмомисл
Львів 1256 Король Данило Романович
Рівне 1283 Князь Володимир Василькович
Черкаси 1286 Князь Гедімін

Вінниця 1363 Князь Ольгерд
Миколаїв 1399 Князь Вітовт
Одеса 1415 Магнат Коцюба-Якушинський
Хмельницький 1431 Король Владислав ІІ
Запоріжжя 1552 Гетьман Дмитро Вишневецький
Тернопіль 1540 Граф Ян Амор
Суми 1652 Полковник Герасим Кондратьєв
Харків 1654 Козак Іван Каркач
Івано-Франківськ 1658 Магнат Андрій Потоцький

Знайди ці та інші міста на карті

Познач на карті країни та моря, які межують з Україною

Що тобі сподобалось з історії України?

Перевір свої знання — дай відповіді на запитання:

1. Як утворилась назва Україна?

2. Які найдавніші народи населяли територію сучасної України?

3. Які слов'янські племена ти знаєш?

4. Коли і ким був заснований Київ?

5. Хто заснував Київську Русь?

6. Яких Київських князів ти знаєш?

7. Хто запровадив християнство в Київській Русі?

8. Як звали Короля Русі?

9. Коли Україна вперше з'явилася на карті Європи?

10. Коли була утворена Запорізька Січ?

11. В якому році Україна отримала незалежність від Радянського Союзу?

Yaroslav the Wise
Ярослав Мудрий

www.ingramcontent.com/pod-product-compliance
Lightning Source LLC
LaVergne TN
LVHW072011060526
838200LV00011B/334